Die 4 zauberhaften Bücher, die dein Leben behutsam in Einklang bringen

BUDDHISMUS, DIE LEHREN DES BUDDHA, CHAKREN, UND MEDITATION LERNEN

All-in-One Publishing

1. Auflage

ISBN: 978-1076354518

Inhaltsverzeichnis

BUDDHISMUS

Kapitel 1

Du kannst ein Buddha werden, ohne selbst Buddhist zu sein

Träumen wir nicht alle davon, unser Leben sinnvoller, leichter und erfüllter zu gestalten? Möchten wir nicht unsere Probleme mit besseren Konzepten lösen können?

Oft wissen wir, dass wir Scheinlösungen wählen, faule Kompromisse eingehen oder unser Heil in der Anhäufung von Besitz suchen. Glücklich macht uns das meistens nicht. Doch wie der historische Siddhartha Gautama Buddha schon von mehr als 2500 Jahren erkannte, sind es nicht materielle Güter, tolles Aussehen oder sexuelle Befriedigung, die nachhaltig glücklich machen. Die Krux ist nämlich: Alles, was uns glücklich machen soll, ist vergänglich. Die Vergänglichkeit ist eines der zentralen Themen des Buddhismus. Wir Menschen können noch so viele Statussymbole, Titel und wichtige Posten im Leben anhäufen - am Ende des Lebens kann niemand sie mitnehmen und sie kosten uns einen Preis.

Das allein wäre nicht unbedingt ein Argument gegen die Anhäufung von Besitz, Posten, Schönheit oder Titeln. Man kann eine Menge Spaß mit solchen Dingen haben und sich sehr bedeutend fühlen. Doch man kann sich mit ihnen auch finanziell ins Abseits stellen.

Menschen in zivilisierten Ländern jagen immer neuen Dingen nach, die sie glücklicher machen sollen. So funktioniert das Glücklichsein aber leider nur Momente lang und nicht dauerhaft.

Bald ist das neue Smartphone oder Fahrrad überholt. Man möchte die neusten Features der Top-Modelle nutzen. Dafür opfert man vielleicht seine Beziehung zur Natur oder nimmt andere Dinge nicht mehr ganz so wichtig. Das Geheimnis des Glücks liegt dem Buddhismus zufolge woanders: nämlich in einem selbst. Aber dazu ist es notwendig, sich erst einmal besser kennenzulernen.

KAPITEL 2

Was ist der Buddhismus?

Der Buddhismus gilt im Allgemeinen als eine Weltreligion. Er ist aber eigentlich eher eine Religionsphilosophie. Erst das einfache Volk in den klassischen buddhistischen Ländern Asiens hat daraus eine Weltreligion gemacht. Diese wurde mit landestypischen Ritualen und einem eindrucksvollen Pantheon von Göttern ausgestattet.

Dem Klerus – die Gesamtheit aller „Geistlichen" – blieb es vorbehalten, tiefer in die philosophischen Betrachtungen des Buddhismus einzusteigen. Der Volks-Buddhismus passte sich in seiner Ausdrucksweise jedem Land an, in das er weitergetragen wurde. Das ist das wohl erstaunlichste Phänomen dieser 2500 Jahre alten Religionsphilosophie: ihre enorme Anpassungsfähigkeit.

Bemerkenswert ist auch die weite Verbreitung des Buddhismus bis zum heutigen Tage.

Ganz offensichtlich verkörpert diese Religionsphilosophie etwas, was überall und durch alle Zeiten eine Gültigkeit hat - bis in die Neuzeit hinein. Auch das ist absolut erstaunlich!

Betrachten Sie einmal, wie viele Dinge die moderne Zeit bereits durch bessere Produkte und Erfindungen ersetzt und aussortiert hat! Nur der Buddhismus funktioniert schon seit 2500 Jahren nach demselben Muster. Er wirkt durch westliche Lehrer und neue Wege der Vermittlung sogar frischer und vitaler denn je.

Moderne Wissenschaften wie die Quantenphysik können mittlerweile Teile der jahrhundertealten buddhistischen Aussagen verifizieren. Dank moderner Technologie können Forscher die Hirnwellen geübter

Meditierender sichtbar machen. Somit kann heute empirisch bewiesen werden, dass das Gehirn sich durch Meditation und Achtsamkeitstraining umprogrammieren lässt.

Diverse tibetische Lamas der Neuzeit starben an Krebs. Sie schienen sich jedoch nicht groß um ihre Schmerzen zu kümmern oder gar zu leiden. Doch wie können auch wir diese Gelassenheit lernen? Dadurch, dass wir Ängste und Schmerzgeschehen loslassen und uns nicht mit ihnen identifizieren. Wir müssen sie wahrnehmen und lassen sie los, statt uns dem Schmerz zu überlassen.

Auch in den industrialisierten Ländern hat der Buddhismus wegen seiner lebensnahen Lehren viele Anhänger gefunden. Als Gründe dafür sind die wachsende Perspektivlosigkeit, die chronische Unzufriedenheit, die gefühlte Bedeutungslosigkeit des eigenen Lebens und die wachsende Angst vor Terror und Krieg zu nennen. Uns fehlt zunehmend die spirituelle Verbindung und es mangelt vielen Menschen an geistiger Tiefe.

Jugendliche begnügen sich mit oberflächlichen Facebook-Beziehungen. Viele Menschen leben in anonymen Betonburgen, empfinden ihren Job als sinnentleert und beziehen sich immer öfter auf sich selbst. Das Leiden auf Erden ist durch die medial vernetzte Welt unübersehbar geworden. Es flutet in unser Wohnzimmer, ob wir es wollen oder nicht.

Mancher fühlt sich angesichts des Elends und der Konfliktherde zunehmend hilflos. Mancher glaubt, dass er daran nicht viel ändern kann. Doch man kann immer bei sich selbst anfangen, sagte der Buddha. Wenn jeder bei sich selbst anfangen würde, würde sich die

Welt radikal verändern. Auch wenn es oberflächlich gesehen einen tibetischen, einen europäischen, einen japanischen Zen- Buddhismus und diverse Auslegungen buddhistischen Gedankenguts gibt, basieren sie alle in ihren Grundlagen auf der Lehre des Gautama

Buddha. Deshalb müssen Sie auch kein Buddhist werden, denn Buddhas Lehren sind universell anwendbar. Sie können sie als Grundlage für eine veränderte Weltsicht nehmen. Zu Beginn genügt es, sie auch nur in Teilen als hilfreich und wahr zu erkennen.

KAPITEL 3

Wer war eigentlich Buddha?

Vor etwa 2500 lebte in Indien ein Königssohn namens Siddhartha Gautama. Dieser wurde durch seine liebenden Eltern von allem ferngehalten, was ihm hätte Kummer und Leiden bescheren können. Er sollte in seinem herrlichen Palast mit den weitläufigen Palastgärten glücklich sein. Siddhartha kannte keinen Verlustschmerz, keine Ängste und keinen Tod, keine Krankheit und keinen Verfall.

Als der junge Gautama als junger Mann einmal über längere Zeit die Welt vor den Toren des Palastes sehen konnte, erkannte er zu seinem Entsetzen, dass das Leben der Menschen dort ganz anders war, als man ihm vorgegaukelt hatte. Er verließ geschockt das Elternhaus und seine junge Frau, die eben erst seinen ersten Sohn geboren hatte. So zog

Prinz Siddhartha als Bettelmönch in die Welt hinaus. Er wollte das Leiden beenden, das täglich vor den Toren seines Palastes stattfand. Wie konnte er glücklich sein, wenn die Menschen da draußen es nicht waren?

Siddhartha schloss sich wandernden Bettelmönchen, weisen Männern und Gelehrten an, um Antworten auf seine Fragen nach der Lösung solcher Probleme zu finden. Er kasteite sich (lebte also enthaltsam), wie damals üblich, durch Fasten, bis er - zum Skelett abgemagert - einsah, dass er dadurch nicht weiter kam. Schließlich setzte er sich zum Meditieren unter einen Bodhibaum. Er schwor sich, erst aufzustehen, wenn er Antworten gefunden hatte.

Nach vielen Stunden und Tagen dämmerten ihm Zusammenhänge, die vor ihm noch niemand so erkannt und formuliert hatte. Er erkannte, dass alles Leben letztlich voller Leiden ist. Es spielt keine Rolle, ob jemand an etwas leidet, was er hat - oder daran, dass ihm etwas fehlt.

Siddhartha erkannte, worin das Leiden bestehen kann, was es auslöst und wie man es beenden kann. Als Grundzutat allen menschlichen Leidens erkannte er die Anhaftung. Darunter verstand er das Habenwollen und den gefühlten Anspruch auf bestimmte Dinge. Gautama galt nun als Erleuchteter, als Buddha. Zuerst zweifelte er daran, dass seine Lehre überhaupt von anderen verstanden würde. Dann fand er Mittel und Wege, sie allen

Menschen gemäß ihres geistigen Niveaus und Bildungsstandes zu erklären. Er lehrte bis zu seinem Lebensende.

KAPITEL 4

Mit dem Buddhismus ein ausgeglichenes Leben führen

Wenn Sie Ihre Gedanken nicht davon losreißen können, unbedingt das neuste Samsung Smartphone (den neuen Mercedes, das teure E-Bike, das Einfamilienhaus, ...) haben zu wollen, es sich aber nicht leisten können, wissen Sie, wovon der Buddha sprach. Es wäre eigentlich ganz einfach, seine Anhaftung an diese Wünsche loszulassen.

Jeder könnte mit dem, was er hat, glücklich sein. Doch so leicht ist es mit dem menschlichen Geist leider nicht. Man muss ihn gezielt von seinen Spielchen, manipulativen Einflüsterungen und Ansprüchen weg trainieren.

Unser Geist stellt uns immer wieder Stolpersteine in den Weg. Im Buddhismus spricht man daher von der

Notwendigkeit eines Geistestrainings. Man beobachtet in der Meditation und später auch im Alltag seinen Geist. Man erforscht, wie und wodurch Neid, Wut oder falsche Ansichten entstehen. Wie fühlen diese sich an, während sie entstehen? Wie kann man sie umschiffen oder verwandeln? Je trainierter der menschliche Geist ist, desto besser können wir kluge Entscheidungen treffen. Dadurch können wir angemessener auf die Wechselfälle des Lebens reagieren.

Es geht im Buddhismus um mehr Bewusstheit für das, was ist. Sie müssen nichts Bestimmtes glauben, um Buddhist zu werden. Buddha rief sogar dazu auf, nichts einfach zu glauben, nur weil er es sagt. Er wollte, dass man es aus eigener Anschauung versteht.

Insofern muss man schon etwas tiefer in buddhistisches Gedankengut einsteigen, um Buddha wirklich zu verstehen. Beim ersten Anhören sind viele buddhistische Begriffe und Zusammenhänge nämlich erklärungsbedürftig. Sie scheinen vielem, was uns einst beigebracht wurde, zu widersprechen.

Wir können jedoch durch Buddhas Lehren eingeschliffene Glaubenssätze und Meinungen hinterfragen lernen. Alles, was uns bisher beigebracht wurde, gehört zu unserer Sozialisation und kulturellen Prägung. Wir wurden konditioniert, um innerhalb unserer Gesellschaft den Erwartungen gemäß zu funktionieren. Oft spüren wir, dass wir in einer chaotischen, wundervollen, verlogenen, einzigartigen und widersprüchlichen

Welt leben. Wir wissen nicht, wie wir unsere eigenen Standpunkte dazu finden können.

Noch weniger erkennen wir, wie wir in diesem Chaos, dieser Verlogenheit und diesem widersprüchlichen Universum dauerhaft glücklich sein können. Zu allem Überfluss steht uns unser Ego ständig im Wege. Es ist die Instanz, die das ICH-Gefühl unserer Ansicht nach ausmacht. Also hören wir auf unser Ego. Das schafft oft Konflikte, Leiden und Probleme. Buddha sagte, wir verkörpern viel mehr als nur ein übermächtiges Ego, das ständig an bestimmten Meinungen, Dingen und Personen anhaftet.

Wird man durch die richtigen Mittel nach und nach klüger, könnte man vermutlich die Hälfte allen menschlichen Leidens vermeiden.

Dadurch wäre man zweifellos glücklicher. Die andere Hälfte des menschlichen Leidens ist aber unvermeidbares Leiden. Jeder Mensch wird Elend, Verfall, Altern, Krankheit und Tod erleben. Das einzige, was man tun kann, ist: eine andere innere Haltung dazu einzunehmen. Vor allem darf man sich nach Buddhas Sichtweise nicht mit dem Leiden identifizieren. Es ist schließlich nicht allumfassend, sondern wird wieder vergehen wie alles, was gerade existiert.

Der zentrale buddhistische Begriff für die veränderte Haltung zum Leiden ist Mitgefühl. Es geht nicht um Mitleid, sondern darum, mit mehr Gefühl im Herzen offener für das vielfältige Leid in dieser Welt zu werden.

Wir können erkennen, dass alle Menschen Leid und Probleme erleben. Alle Lebewesen im Universum leiden irgendwann. Wir wissen, wie sich das anfühlt und wir können uns daher vorstellen, was andere durchmachen.

Übung Nr. 1

Überlegen Sie einmal bewusst eine Weile, wie viel Unglück, Unzufriedenheit, Beziehungsstress und Leid im Leben Ihnen schon durch übertriebene Anhaftung beschert wurde. Wie viel so erzeugtes Leiden haben Sie bei anderen Menschen beobachtet?

Schreiben Sie es auf. Bei näherem Hinsehen werden Sie erkennen, dass es sich oft um vermeidbares Leiden handelt.

Kapitel 5

Was ist das „Leiden“ und wie befreit man sich davon?

Wir können unser eigenes Leiden, unsere eigenen Probleme und Schwächen leichter annehmen, wenn wir Mitgefühl mit uns selbst haben. Buddhisten fühlen auch mit dem, der es nötig hatte, einen leiden zu lassen. So sollen sich unter anderem Kranke liebevoll ihres Kummers annehmen, wenn sie eine schlechte Diagnose erhalten.

Unser Leben ist vergänglich und wir werden gerade daran erinnert. Wir können uns erinnern, dass andere in dieser Minute in derselben Situation sind. Wir sind in unserem Elend nie allein und verlassen. Uns verbindet viel mit anderen, die wir gar nicht kennen.

Wenn wir andere in unser Mitgefühl einschließen, erkennen wir oft, dass unser Leiden nicht größer ist als ihres. Oft ist es sogar deutlich kleiner.

Im Buddhismus gilt: Wer Liebe wagt, muss irgendwann unweigerlich mit dem schmerzhaften Verlust leben, der spätestens durch den Tod manifestiert wird. Aber sollten wir deshalb keine Liebe mehr wagen? Im Gegenteil: Wir sollten die Kostbarkeit und zeitliche Begrenztheit aller Dinge erkennen und sie mehr wertschätzen.

Wir wissen nie, wie viel Zeit uns die Liebe gewährt. Von unserer Lebenszeit wissen wir das auch nicht. Es gibt viele Gründe, glücklich mit diesen wertvollen Gaben zu sein. Was nützt denn das teuerste Auto, wenn man sich nicht geliebt fühlt?

Leiden entsteht immer durch Anhaftung - zum Beispiel, wenn man Dinge erwartet, die so nicht sind und nie so werden. Die Grundlage zum Leiden entsteht in unserem Geist. Also kann sie auch nur dort eliminiert werden. Wir mindern unser irdisches Leiden, indem wir

1.. Unsere Anhaftungen erkennen

2.. Sie in ihren Ursachen verstehen lernen

3.. Unsere Bedürftigkeit mit Mitgefühl begleiten

4.. Unsere Sozialisation als notwendig, aber veränderbar begreifen

5.. Uns nicht für Schwächen und Unzulänglichkeiten verurteilen

6.. Uns liebevoll darin üben, zukünftig unsere Anhaftungen zu mindern.

Wie gesagt: es geht ums Üben und Bewusstwerden. Es geht um die innere Bereitschaft zur Veränderung und mehr Mitgefühl mit einem selbst, wenn man nicht das erreicht, was man sich vornimmt.

Buddhisten müssen keine Schuldgefühle haben, weil sie aus ihrer Sicht immer wieder Fehler machen. Sie üben sich in Verständnis für alle, denen es genauso geht. Nehmen Sie sich dem Buddhismus zum Vorbild: Verurteilen Sie andere Menschen nicht.

Begleiten Sie jeden mit Mitgefühl.

Selbst weltbekannte Meditationslehrer üben noch. Es ist erfrischend, die Bücher von erfahrenen Meditationslehren wie Jack Goldstein, Jack Kornfield oder Sylvia Boorstein zu lesen. In ihren Seminaren und Schriften hört man sie zuweilen offen von ihren eigenen Schwächen und Unzulänglichkeiten reden. Auch solche Personen haben noch nicht geschafft, alles, was sie als hinderlich und unheilsam erkannt haben, loszulassen.

Doch die Möglichkeit dazu ist in jedem einzelnen Moment da. Den eingefahrenen Geist zu trainieren, verlangt Sportsgeist, Willenskraft und Durchhaltevermögen. Unser Geist ist die Arena, in der Siege und Trainingsunfälle passieren können. Doch mit zunehmender Bewusstheit wird unser Geist immer klarer. Wir lassen nun so manches wie eine Wolke vorbeiziehen, ohne unsere Gedanken daran anzuheften. Wir spüren nach und nach mehr Gelassenheit und innere Ruhe.

Meditierende sind zentrierter und entwickeln mehr Akzeptanz für das, was ist. Nichts muss ihrem Wunschdenken entsprechen. „Es ist, wie es ist und dann ist es etwas anderes", wie Sylvia Boorstein einmal formulierte.

Buddhisten meiden Extreme und folgen Buddhas "mittlerem Weg". Die Achterbahn des Lebens verläuft so - ohne eingebaute Doppel- Loopings und auf einem überschaubaren Kurs. Um das Leiden zu überwinden, ist es wichtig zu sich selbst zu stehen und sich selbst so zu mögen, wie man ist. Machen Sie sich bewusst, dass Sie sind, wie Sie sind und dass es gut so ist. Merken Sie sich: Jeder Mensch ist anders, aber jeder hat irgendwelche Probleme und Schwächen – das ist ganz normal. Sie sind also nicht alleine.

Zudem muss man lernen, loszulassen, um die Leiden, die durch das übermäßige Anhaften entstehen, zu beenden.

Übung Nr. 2

Wann immer Sie mit Ihren Schwächen konfrontiert werden und eine Sache nicht so schaffen, wie Sie es sich gewünscht hätten, dann machen Sie sich nicht selbst nieder, sondern versuchen Sie, sich selbst zu motivieren. Sagen Sie sich: „Es hat jetzt nicht geklappt, wie ich es wollte. Kein Problem:

Beim nächsten Mal werde ich es aber garantiert besser machen!" Indem Sie das sagen, werden Sie merken, wie es Sie beflügelt, beim nächsten Versuch mehr aus der Situation zu machen.

Übung Nr. 3

Sie müssen lernen, loszulassen und der Versuchung von Anhaftungen zu wiederstehen. Überlegen Sie sich bei Ihrer nächsten größeren Anschaffung also, ob Sie diese Anschaffung wirklich haben müssen oder das Geld doch lieber für wichtigere Sachen nutzen. Denken Sie daran: Materieller Besitz macht nicht dauerhaft glücklich.

KAPITEL 6

Wie man Achtsamkeit erlernt und trainiert

Was verstehen Sie unter Unachtsamkeit? Was kann passieren, wenn Sie unachtsam sind?

Sie gehen - mit Ihrem iPhonee oder einem Konflikt mit Ihrem Partner beschäftigt - über die Straße, ohne links und rechts zu schauen. Das kann Sie das Leben kosten. Sie sind mit Ihren Gedanken und Ihrer Aufmerksamkeit ganz woanders. Sie haben einen Tunnelblick, der nichts anderes mehr wahrnimmt.

Achtsamkeit ist das Gegenteil davon. Es ist das aufmerksame, absichtslose und unabgelenkte Verweilen im jetzigen Moment und danach im nächsten. Die Wahrnehmung ist konzentriert, sie verweilt entspannt im "Hier und Jetzt". Sie erlebt genau diesen Moment.

In der Meditation lernen Sie, wie Achtsamkeit funktioniert. Ohne Geistestraining sind wir häufig unachtsam. Wie viele Dinge nehmen wir deshalb nicht wahr? Um die Achtsamkeit zu trainieren, wenden Sie am besten die nächste Übung an.

Übung Nr. 4:

Setzen Sie sich einmal in einer ruhigen Stunde auf ein festes Kissen. Sitzen Sie mit geschlossenen Augen aufgerichtet im Schneidersitz und achten auf nichts als den Atem. Zählen Sie Ihre Atemzüge: Ein, aus. Ein, aus. Schwupps, denken Sie an etwas anderes.

Bringen Sie Ihre Achtsamkeit zurück, ohne sich für das Abschweifen zu verurteilen.

Bleiben Sie nicht bei dem Thema, das sich in Ihren Geist geschlichen hat. Sie werden nach ein paar Minuten merken, wie entspannt, ruhig und losgelöst Sie sich fühlen. Sie werden merken, wie gut es Ihnen tun wird.

Die amerikanisch-buddhistische Lehrerin Thubten Chodron sagte einmal, viele "zivilisierte" Menschen bewegen sich die meiste Zeit wie durch Autopilot gesteuert durch ihr Leben. Wir sind tatsächlich die meiste Zeit unseres Lebens unbewusst wie ferngesteuerte Automaten. Der Kapitän, der unser Lebensschiff auf Kurs halten und in sicherem Fahrwasser halten soll, schläft selig. Er ist bei der Arbeit mit hundert ablenkenden Gedanken beschäftigt, aber nur wenige Momente mit dem

Navigieren. Man tut vieles automatisch und routiniert. Und plötzlich wacht man auf und fragt sich, ob das Leben, das wir leben, alles war, worum es geht. Wo war unsere Aufmerksamkeit die ganze Zeit? Wann war sie besonders groß? Warum erinnern wir uns kaum an bestimmte Momente?

Erfahrungsgemäß sind wir ganz im "Hier und Jetzt", wenn wir verliebt sind. Dann erscheint uns alles farbiger, wunderbar und bedeutungsvoll. Jeder Moment vibriert, ist voller Fülle und Reichtum. So könnte das Leben sich öfter anfühlen, nicht wahr?

Achtsamkeitstraining lohnt sich, denn es macht Sie auf Dauer bewusster, lebendiger und wacher. Sie übernehmen wieder das Ruder Ihres Lebensschiffes. Sie werden sich Ihres hin und her springenden Geistes bewusster. Buddhisten vergleichen diesen mit einem ständig plappernden Radio, das jedes Geschehnis umgehend kommentieren muss. Manchmal nennen sie den menschlichen Geist auch einen umherhüpfenden Affen.

Diese Bilder sollen uns deutlich machen, dass wir mehr sind als nur ein ständig plapperndes Radio. Dieses übertönt alle anderen inneren Instanzen, die noch existieren. Sie können durch Meditation lernen, zum Beobachter des plappernden Radiosprechers zu werden.

Es ist doch interessant, zu erforschen, wer dauernd dazwischenfunkt, wenn Sie meditieren möchten. Wer beobachtet das, was gerade geschieht, wenn Sie wütend oder frustriert sind? Wann sind Sie bewusst, wann schalten Sie auf Autopilot und reagieren vollautomatisch, als ob Sie ferngesteuert wären?

Der Buddhismus lehrt Sie, zum Forscher und Fragenden in eigener Sache zu werden, um sich besser kennenzulernen. Je besser Sie sich in Ihrer ganzen Unzulänglichkeit erkennen, desto milder beurteilen Sie anschließend andere. Je mehr Sie Ihre innere Größe und die unendliche Weite Ihres Bewusstseins erfassen, desto mehr respektieren Sie andere. Sie staunen über das Glück, das ein zunehmendes Aufgeben von Anhaftungen Ihnen beschert.

Im "Hier und Jetzt" begrüßen Sie wunderhübsche Blumen am Wegesrand. Freundliche Menschen, keckernde Jungmöwen und singende Amseln zaubern Ihnen ein Lächeln ins Gesicht. Wenn Sie jemandem helfen können, macht Sie das froh. Das Leben macht Ihnen viele Geschenke. Sie müssen sie nur als solche wahrnehmen und für jedes einzelne dankbar sein. In tief empfundener Dankbarkeit liegt viel Glückspotenzial. In wacher Aufmerksamkeit liegt ein weiterer Schlüssel zum Glück. Sie fühlen sich lebendiger, wenn Sie in jedem Moment mit allen Sinnen anwesend sind.

KAPITEL 7

Die Sache mit der Buddha-Natur

Der Buddhismus ist voller tiefer Weisheit. Mit seinen verschiedenen "Fahrzeugen" und den vielen daraus hervorgegangenen Schulen und Auslegungen bietet er auch für Sie ein nützliches Tool. Mit diesem können Sie einiges in Ihrem Leben neu ausrichten, was aus Ihrer Sicht in Schieflage geraten ist. In uns allen ist "Buddha-Natur" existent, sagt der Buddhismus. Wir können uns an jedem Tag darauf besinnen. Wir müssen uns nicht um sie bemühen, sie ist Teil unserer selbst.

Wenn wir unsere Buddha-Natur entwickeln, können wir Erleuchtung erfahren und zum Buddha werden. Das geht auch, ohne dass wir uns zu Buddhisten erklären und unsere bisherige Religion auf den Scheiterhaufen werfen. Auch das, womit wir aufgewachsen sind, birgt

Kostbares, das uns nützen und weiser machen kann. Jeder Mensch erlebt Frustrationen, Trauer, Verluste, Verletzungen, Verrat, Liebeskummer und tiefste Verzweiflung. Oft lassen wir uns davon mitreißen und sind emotionell "Landunter". Als Buddhist lernt man, sich nicht mehr so stark mit seinen Gefühlen oder dem Geschehen zu identifizieren. Erinnern Sie sich in solchen Momenten an Ihre Buddha-Natur, erkennen Sie vielleicht auch das Potenzial zum Empfinden von Freude in jedem Moment.

Freude und Trauer schließen sich nämlich nicht aus. Sie ergänzen sich oder sind komplementär zueinander, wie die Farben Schwarz und Weiß.

Sie können um Ihren gerade verstorbenen Partner trauern und trotzdem mit Ihren Enkeln lachen. Es tut Ihnen sogar gut. Leben und Tod sind zwei Seiten desselben Prinzips, so wie Sie und Ihre Buddha-Natur. Alles ist Teil eines großen Ganzen. Aus diesem entstammt alles und dorthin geht es zurück.

Übung Nr. 5

Versuchen Sie auch unter Trauer und schlechter Laune Ihr Lächeln nicht zu verlieren. Das Lächeln hat eine so besondere Kraft, die Sie sich zu jederzeit zu Nutze machen sollten. Beginnen Sie doch gleich am Morgen schon damit, zu lächeln. Stellen Sie sich nach dem Aufstehen vor den Spiegel und grinsen sich ein paar Sekunden einfach nur herzlich an! Es mag sich komisch anhören, aber glauben Sie mir: Es bewirkt wahre Wunder!

KAPITEL 8

Wie Sie mithilfe des Buddhismus langfristig glücklicher leben

Die Quelle zu innerem Frieden, zu mehr Lebendigkeit und tief empfundenem Glück liegt in einem selbst. Seien Sie achtsam, wo immer Sie sind. Seien Sie bewusst und achten Sie jeden Moment. Er ist einzigartig. Achten Sie auf Ihren Atem, Ihre Schritte, auf Menschen, die Ihnen begegnen und Vögel, die in den Wolken schweben. Lassen Sie Illusionen und Wunschdenken los. Achten Sie die Welt so, wie sie ist. Vergangenheit und Zukunft sind nicht existent. Sie sind schon Geschichte und Erinnerung, oder noch nichts, was real wäre. Was uns tatsächlich erlebbar ist, ist nichts als dieser Moment. Dieser einzigartige, unwiederholbare Moment ist der, der uns glücklich machen kann.

Glück kann in jedem Moment aus uns heraus- und in uns hineinströmen, wenn wir uns dafür öffnen. Glück entstammt nicht materiellen Gütern oder vermeintlichen Sicherheiten, die letzten Endes trügerisch sind. Seien Sie einfach vollständig da, wo Sie sind. Genießen Sie jeden Moment bewusst. Gehen Sie auf andere mit Freundlichkeit zu und Sie werden Freundlichkeit erfahren. Essen Sie, wenn Sie Hunger haben und genieße Sie alles bewusst mit allen Sinnen.

Unsere Gefühle überrollen uns oft und wir unterwerfen uns dann ihrem Diktat. Wir verschließen uns vor Problemen, manipulieren andere, verfallen in Suchtverhalten oder flüchten. Nach dem Erkennen dessen, was Sie gerade fühlen oder tun, sollten Sie es urteilslos akzeptieren. Sie können es danach näher erforschen und sich anschließend vornehmen, zukünftig einiges anders zu machen. Identifizieren Sie sich nicht mit dem, was Sie als vermeintliches Problem erkennen. Nehmen Sie sich in problematischen Zeiten Zeit für sich selbst. Meditieren Sie, um das Loslassen dessen zu lernen, was Sie bestimmt. Erkennen Sie Ihre geistigen Zustände, Handlungsmuster und Denkgewohnheiten.

Die Suche nach Glück beginnt mit lebenslanger Achtsamsein und viel Geistestraining. Nur wenige Dinge geschehen tatsächlich spontan. Die meisten entpuppen sich als eingefahrene Instant-Reaktionen.

Buddhas Glückskonzept ist, dass wir heilsamen Verhaltensmustern folgen.

Über die Zeit wird man durch Meditation und buddhistisches Geistestraining Veränderungen an sich selbst bemerken. Man wird nicht mehr so schnell urteilen, wütend werden oder neurotisch handeln. Der Buddhismus lehrt einen, aufmerksamer und gelassener zu sein. Man arbeitet täglich daran, seine destruktiven Gefühle und Handlungsweisen zu verändern.

Wir haben Glück, dass wir diese Arbeit tun können und dadurch bessere Perspektiven für uns und andere erschaffen. Buddha sagte sinngemäß: Fördere die achtsamen Geisteszustände und lass die unachtsamen Verhaltensmuster los. Stärke Dein Mitgefühl und Deine Einsicht. Lass alle Begierden, Rachsucht, Hass und Neid los, und Du wirst Glück erfahren.

Übung Nr. 6

Nehmen Sie sich mitten im Alltag eine kurze Auszeit. Halten Sie einfach einen Moment inne und werden Sie sich Ihres Bewusstseins gewahr. Lassen Sie die gewohnte Arbeitsroutine für einen Moment los. Atmen Sie ruhig ein und aus und kosten Sie diesen Moment bewusst aus. Lächeln Sie nach innen hinein und betrachten Sie alles, was Sie in diesem Augenblick wahrnehmen, in stiller Meditation. Sie werden merken, wie sehr das Ihre Achtsamkeit und das bewusste Sein in dem Moment trainiert.

Kapitel 9

Das eigene Bewusstsein und Unterbewusstsein kontrollieren

Bewusstsein hat etwas mit bewusstem Sein zu tun. Die Frage ist nur, inwieweit wir tatsächlich in jedem Moment bei vollem Bewusstsein sind. Wenn wir uns wie ferngesteuert auf Autopilot durch den Tag bewegen, sind wir nicht sehr bewusst. In der Meditation lernt man, konzentriertes Gewahrsein und anstrengungslose Achtsamkeit zu entwickeln. Beide bilden die Grundlage der buddhistischen Psychologie. Indem Meditierende durch die tägliche Übung vom denkenden Geist zum reinen Bewusstsein finden, entdecken sie Frieden, Offenheit und Stille in sich selbst.

Der Grad an Bewusstheit entscheidet im Buddhismus darüber, wie nah wir unserem Erleuchtungspotenzial kommen. Der denkende Geist kategorisiert, manipuliert, analysiert, interpretiert und projiziert ständig. Er ist dazu konditioniert worden, um unser Überleben in den Umständen zu gewährleisten, in die wir hineingeboren werden. Bewusstsein oder Gewahrsein ist dagegen klar und rein. Es ist ein Zustand ohne jedes Denken, quasi das "Wissen über das Wissen selbst".

Das Bewusstsein ist allumfassend und wir sind ein Teil von ihm. Unser Ego ist also keineswegs das einzige, was uns ausmacht, auch wenn es sich oft so anfühlt. Zum stillen Beobachter aller Vorgänge im eigenen Geist zu werden, erhebt den Meditierenden über die Einflussnahme seines Egos hinaus.

Meditierende erkennen irgendwann, dass ihr Geist eine viel größere Dimension und Weite hat als das begrenzte Ego, mit dem wir uns so sehr identifizieren, uns vorgaukelt.

Wir sind in einem Körper manifestiertes Bewusstsein, sagt der Buddhismus. Diesen Umstand für uns erlebbar zu machen und zu begreifen, dass unser Ego uns erfolgreich an der Entwicklung zum reinen Bewusstsein hindert, ist eine folgenreiche Erkenntnis.

Die Meditation ist das wichtigste Instrument, um Achtsamkeit und die Kunst des Gewahrseins zu erlernen. Daher wird Meditationspraxis im Buddhismus für unverzichtbar gehalten. Angelesenes Wissen alleine kann uns nicht von unseren Anhaftungen und Verstrickungen befreien.

Befreiung finden wir vielmehr in der persönlichen Erfahrung all dessen, was der Buddhismus lehrt.

Es gibt verschiedenste Meditationsformen, die Sie erlernen können. Die Meditation auf den Atem ist die bekannteste Meditationsform, mit der man üblicherweise beginnt. Indem Sie über lange Zeit und immer wieder Ihre ständig wechselnden Geisteszustände beobachten, lernen Sie Ihren Geist kennen. Verdrängte, unterbewusste und unbewusste Dinge, längst vergessene Erlebnisse aus der Vergangenheit steigen in der Meditation auf und wollen sich bemerkbar machen. Man nimmt sie wahr, reagiert aber nicht darauf. Man nimmt diese Dinge einfach nur wahr, ohne sich mit ihnen zu identifizieren. Das befähigt einen im Alltag, innezuhalten, eine Weile zu atmen und erst dann eine Entscheidung zu treffen. Sie reagieren im Idealfall nicht mehr automatisch, sondern bewusst. Nicht Ihr Ego oder Ihre Neurose entscheidet nach altbewährtem Muster, sondern Ihr Bewusstsein.

Je länger Sie üben, desto gewahrer werden Sie sich dessen, was in Ihrem Geist passiert. Doch statt es ins Unbewusste zu verschieben, wie früher, betrachten Sie es nun bewusst und lassen es dann los. Sie erkennen, was geschieht und können dadurch leichter eine Entscheidung treffen, die über das Ego hinausgeht.

Der Geist ist begrenzt, aber das Bewusstsein ist es nicht. Es ist grenzenlos und weiträumig. Der Geist ist wie eine große Bibliothek oder Datenbank, in der alle

Erfahrungen, Gefühle und Kategorisierungen der Vergangenheit gespeichert sind. Die angesammelten Daten werden vollautomatisch zum Bezugspunkt für neue Erfahrungen gemacht. Diese werden somit gefiltert. Sie werden nicht mehr als das erlebt, was sie sind. Sie werden interpretiert, einsortiert und zu einem unveränderlichen Fakt ernannt. Doch nichts ist tatsächlich unveränderlich. Alles unterliegt permanentem Wandel.

KAPITEL 10

Buddhistische Power-Tipps für Achtsamkeit und Meditation

Achtsamkeit können Sie in vielen Momenten und alltäglichen Situationen trainieren. Hier ein paar Beispiele. Für die Achtsamkeitsmeditation und die Übung des Gewahrseins gilt immer,

- dass Sie bewusst wahrnehmen, was ist
- dass Sie alles um sich herum wertfrei beobachten
- dass Sie das Wahrgenommene nicht kategorisieren oder beurteilen
- und dass in Ihrem Tun keine Absicht steckt.

Der buddhistische Weg hat kein vorgegebenes Ende und kein definiertes Ziel, wo man ankommen müsste. Man verfolgt ihn sein ganzes Leben lang. Es kann Monate dauern, bis man spürt, dass die Meditation für einen zu einem wichtigen Bezugspunkt geworden ist. Sie schenkt einem nicht nur mehr innere Ruhe und Ausgeglichenheit, sondern ist auch ein wichtiges Tool, um Bewusstheit zu entwickeln. Sind Sie sich Ihrer selbst in allen Aspekten bewusst, wird sich vieles ändern. Sie ruhen in sich selbst, fühlen sich glücklich und dankbar für das, was ist.

Wie bereits erwähnt, haben die Meditation und die Achtsamkeit eine ganz besondere Rolle in der buddhistischen Lehre. Aus diesem Grund widmet sich dieses Kapitel noch einmal sehr explizit mit dem Training dieser Inhalte.

Versuchen Sie, die folgenden Übungen in der Praxis immer und immer wieder anzuwenden und Sie werden merken, wie gut Ihnen das ganze tun wird. Sie werden die Welt mit ganz anderen Augen wahrnehmen.

Power-Tipp 1: Die Gehmeditation

Gehen Sie, bewusst jeden einzelnen Schritt spürend, langsam einen für Sie angenehmen Ort – beispielsweise einen Waldweg oder Strandabschnitt -entlang. Tun Sie dies ohne Denken. Sie spüren den Sand unter den Zehen beim Auftreten, beim Abrollen und beim erneuten Anheben des Fußes. Nehmen Sie das sanfte Wiegen der

Hüften und das Anspannen und Entspannen der Muskeln wahr. Spüren Sie den Wind auf der Haut.

Lauschen Sie auf alles, was an Ihr Ohr dringt, aber halten Sie es nicht fest. Sie gehen langsam, ohne ein bestimmtes Ziel zu verfolgen.

Volles Gewahrsein beim Gehen bedeutet, jede einzelne Bewegung, jedes Geräusch und alle Veränderungen, die sich durch das Berühren des Sandes erleben lassen, bewusst wahrzunehmen. Die Gehmeditation verbindet uns mit diesem Moment. Man ist ganz lebendig, vollkommen anwesend. Das Bewusstsein ist nicht zerstreut, sondern konzentriert. Es ist fokussiert auf das, was man gerade tut. Alles andere ist momentan unwichtig. Sie werden erkenne mit dieser Übung erkennen, wie achtlos Sie sonst normalerweise diesen Weg gehen.

Power-Tipp 2: Morgendliche Übung nach dem Aufwachen

Wenn Sie aufwachen, bleiben Sie für diese einfache Übung noch ein paar Minuten im Bett liegen. Halten Sie die Augen entspannt offen. Seien Sie sich Ihres Wachseins bewusst, ohne gleich in den Tag einsteigen zu wollen.

Nehmen Sie die Atmung wahr. Erspüren Sie die Schwere Ihres Körpers, die Wärme der Bettdecke, die Struktur der Matratze. Nehmen Sie sich vor, diesem

Tag mit Achtsamkeit zu begegnen. Sie wollen sich heute nicht von Ihrem konditionierten Geist leiten lassen, sondern von Ihrem Bewusstsein. Atmen Sie tief ein und aus und stehen dann auf.

Power-Tipp 3: Erinnere Dich daran, achtsam zu sein

Ernennen Sie einige Geräusche, die regelmäßig in Ihrer Umgebung stattfinden, zu "Glocken der Achtsamkeit". Stellen Sie diese Geräusche der Wirkung von Tempelglocken gleich. Wann immer die Kirchenglocke läutet oder der Postbote klingelt, erinnern Sie sich, dass Sie achtsam sein wollten. Dieser Moment lädt Sie ein, es zu sein. Gehen Sie achtsam und bewusst in den nächsten Moment. Dieser Moment ist real, der davor ist bereits Geschichte. Der Moment danach ist noch nicht entstanden.

Power-Tipp 4: Alltagstätigkeiten in Meditation verwandeln

Einen Holzboden zu schrubben, kann Meditation sein, wenn man es achtsam und bewusst tut. Zen-Mönche fegen achtsam einen Weg, den sie anschließend meditierend beschreiten. Nutzen Sie täglich eine Tätigkeit, die für Sie zur Routine geworden ist, zu Achtsamkeitsübungen. Führen Sie alle Bewegungen achtsam aus.

Nehmen Sie bewusst jede Bewegung und jeden Atemzug wahr. Würdigen Sie visuelle Eindrücke, Gefühle, Körperwahrnehmungen und Kleinigkeiten, die am Rande des Geschehens passieren. Nehmen Sie das Messer wahr, mit dem Sie gerade Zwiebeln schneiden.

Beachten Sie all die Dinge, die sonst unbeachtet bleiben. Verweilen Sie im Moment und beobachten Sie alles, was geschieht, ohne jede Anstrengung.

Power-Tipp 5: Hören Sie bewusst auf die Stille

Gehen Sie heute an einen Ort, an dem es keine städtische Geräuschkulisse gibt.

Lauschen Sie bewusst in die Stille (z.B. eines Waldes) hinein. Schließen Sie dazu die Augen und atmen Sie bewusst ein und aus. Nehmen Sie die Vielzahl der Geräusche wahr, die an Ihr Ohr dringen. Wie viele davon haben Sie in letzter Zeit bewusst wahrgenommen, wie viele blenden Sie täglich gewohnheitsmäßig aus?

Nehmen Sie sich Zeit und setzen Sie diese Tipps in die Tat um. Nutzen Sie die wunderbare Macht des Buddhismus!.

Dankeschön

Abschließend möchte ich mich noch von ganzem Herzen bei Ihnen bedanken, dass Sie mit dem Erwerb dieses Ratgebers Vertrauen in mich, meine Erfahrungen und meine Arbeit gesetzt haben.

All das Wissen habe ich mir über die Jahre angeeignet und versuche dieses so gut verständlich und einfach umsetzbar wie möglich zu vermitteln, um Sie auf Ihren Lebensweg zu unterstützen.

Ich hoffe, dass Sie Einiges aus diesem, bewusst kurz gehaltenen Ratgeber mitnehmen konnten und mit den Inhalten, Tipps und Tricks positive Veränderungen erzielen.

Über ein Feedback Ihrerseits mittels einer kleinen Bewertung auf Amazon würde ich mich sehr freuen.

Ich wünsche Ihnen für Ihre Zukunft alles erdenklich Gute und würde mich freuen, wenn ich Sie mit meinen Erfahrungen und weiteren Tipps unterstützen kann.

Die Lehren des Buddha

Einleitung

Vom Buddhismus hast du sicher schon gehört. Aber was hat es mit der viertgrößten Weltreligion eigentlich auf sich? Bestimmt hast du schon einige Dinge über den Buddhismus aufgeschnappt.

Viele Menschen haben ein festgefahrenes Bild von dieser Religion im Kopf. Dabei stellen sie sich Mönche in einem Kloster vor, die vor sich hin meditieren.

In Wirklichkeit ist Buddhismus aber sehr viel mehr. Es geht um eine spirituelle Reise, die nicht einfach zu bewältigen ist. Am Ende verspricht sie aber ein Leben in Zufriedenheit.

Dabei leben die Menschen miteinander in Harmonie und die ewige Streiterei über den „einzig wahren Gott" findet im Buddhismus auch ein Ende.

Vielleicht bist ja jetzt neugierig geworden. Dann begib dich mit diesem Ratgeber auf deine eigene spirituelle Reise und lerne, worum es beim Buddhismus wirklich geht.

Kapitel 1

Wer war Buddha?

Der Buddhismus hat seinen Namen von seinem Begründer: Buddha. Aber so hieß der Mann nicht seit seiner Geburt.

Viele Mythen und Legenden ranken sich um Buddha, es ist schwierig zu sagen, was davon stimmt und was dazu gedichtet wurde. Letztendlich ist man sich aber über diese Dinge sicher:

In etwa um 560 vor Christus brachte die Frau eines Fürsten in der Stadt Lumbini einen Jungen zur Welt. Es handelte sich um eine sehr wohlhabende Familie. Ihren Sohn nannten sie Siddhartha.

Siddhartha lebte also ein Leben geprägt von Luxus und Wohlstand. Rund um die Uhr sammelten sich Diener um ihn herum und er vergnügte sich Tag ein Tag aus mit seinem Harem, bestehend aus bildschönen Frauen. Er besaß mindestens drei Paläste und ihm fehlte es an nichts.

Eines Tages befand er sich auf einem seiner Ausflüge und traf drei Menschen, die sein Leben grundlegend änderten. Es handelte sich um einen alten Mann, einen Kranken und einen Toten. Es fiel Siddhartha wie Schuppen von den Augen: Auch sein Leben war vergänglich, egal wie viel Reichtum er besaß.

Diesem Schicksal wollte er sich nicht ergeben. Darum machte er sich alleine auf eine Reise und reise durch den Norden Indiens.

Ganze sieben Jahre fastete der verwöhnte Mann und war am Ende ausgesprochen abgemagert.

Unter einem Feigenbaum hatte er plötzlich die Erleuchtung. Daher hat Siddhartha auch seinen Namen: Buddha heißt übersetzt „der Erleuchtete“.

Was diese Erleuchtung genau war? Buddha fand heraus, dass alles Leben Leiden ist. Es bestünde aus Krankheit, Unglück und Schmerz.

Oh je, und wie soll diese Religion nun zu Glück, Frieden und Zufriedenheit führen?

KAPITEL 2

Darum geht es im Buddhismus

Buddha stellte also fest, dass das Leben voller Schmerzen besteht. Er setzte sogar noch eine Schippe darauf: So etwas wie ein Paradies gibt es nicht. Der Mensch wird immer wiedergeboren und ist somit für immer an das Leben gebunden.

Um diesen Prozess zu verbildlichen wird oft ein Rad verwendet, dass sich immer weiterdreht.

Buddhas Weg zur Erlösung nennt er selbst den „achtfachen Pfad". Menschen müssen sich nicht ihrem Schicksal ergeben. Sie selbst beeinflussen, wie sie wiedergeboren werden. So ist, laut Buddhismus, jeder Mensch selbst dafür verantwortlich, ob er als ein Kind in Wohlstand wiedergeboren wird oder als ein armer Straßenhund.

Du kannst dem Rad, also dem ewigen Kreis des Lebens, sogar entkommen: Lebst du genauso, wie der Buddhismus es von dir verlangt, kannst du ins Nirwana eingehen. Das Nirwana ist ein Zustand, in dem jeder Schmerz und jedes Leiden ein Ende hat. Nicht schlecht, oder?

Im Buddhismus geht es also darum, sich von den Schmerzen und Leiden des Lebens zu befreien, fromm zu leben und letztendlich in das Nirwana einzugehen.

Das sagt sich so einfach, ist aber ein beschwerlicher Weg. Aber genau darum geht es auch im Buddhismus: Der Weg ist das Ziel. Gepflastert mit Rückschlägen und vielen Erkenntnissen.

Kapitel 3

Woran glaubt ein Buddhist?

Buddhisten glauben an Karma, also das unser Verhalten darüber entscheidet, wie unser nächstes Leben wird. Dementsprechend glauben sie auch an Wiedergeburt, sogenannte Reinkarnation.

Das heißt, Buddhisten glauben daran, dass unser Körper zwar stirbt, unser Geist diesen aber verlässt und weiterlebt. Er wandert dann sozusagen in einen anderen Körper. Mehr zu diesem Thema findest du im Kapitel „Die Sache mit dem Karma“.

Neben der Wiedergeburt glaube sie an das Nirwana. Was das ist, hast du ja im obigen Abschnitt schon erfahren.

Ein weiterer wichtiger Glaubenspunkt sind die Vier Edlen Wahrheiten. Zu diesem Aspekt des Buddhismus erfährst du etwas im gleichnamigen Kapitel.

Kapitel 4

So wirst du Buddhist – 20 Schritte, die dein Leben verändern

Du fragst dich bestimmt: Man kann einfach so Buddhist werden? Ja, das kann man! Jeder kann sich dazu entschließen Buddhist zu werden. Der erste Schritt hierbei ist die Zuflucht.

1. Schritt

Die Zufluchtnahme

Möchtest du Buddhist werden und sprechen dich die bisherigen Erklärungen zum Buddhismus an, ist der erst Schritt die Zufluchtnahme. Dabei suchst du Zuflucht zum Buddha, zum Dharma und zum Sangha. Diese Drei nennt man auch „Die Drei Kostbarkeiten".

Wer oder was ist Dharma?

Dharma fasst die Lehren des Buddhas zusammen und bedeutet so viel wie „Wahrheit“.

Diese Lehren bereiten deinen Weg zum Ziel vor. Hier lernst du negative Gefühle, wie Begehren, Hass und Verblendung hinter dir zu lassen und dich von ihnen abzuwenden. Basis des Dharma sind die „Vier Edlen Wahrheiten“.

Im Buddhismus ist man der Auffassung, dass die Menschen, die das Dharma leben, letztendlich ins Nirwana kommen. Sie werden also von allen Leiden befreit.

Wer oder was ist Sangha?

Sangha bedeutet übersetz Gemeinschaft. Im Buddhismus meint Sangha die Gemeinschaft der Mönche und Nonnen.

Diese Gemeinschaften versuchen gemeinsam ihre negativen Angewohnheiten zu überwinden. Die Gemeinschaft bietet das perfekte Umfeld, um aus dem sogenannten Rad, in dem wir alle gefangen sind, zu fliehen. Das liegt unter anderem daran, weil sich die Mitglieder an folgende Regeln halten:

- Einheit im Denken
- Die Mitglieder der Gemeinschaft sind alle gleichberechtigt

- Die Mitglieder der Gemeinschaft sind finanziell gleichgestellt
- Die Mitglieder teilen und fördern die gemeinsamen Interessen
- Die Mitglieder sind untereinander stets freundlich und höflich
- Die Mitglieder sind immer rücksichtsvoll und möchten für ihre Gegenüber nur das Beste

Buddha im Zusammenhang mit den drei Kostbarkeiten

Wer Buddha ist, weißt du ja schon. Im Zusammenhang mit den drei Kostbarkeiten stellt er den Lehrer dar.

Die Drei Kostbarkeiten helfen dir deinen Weg zu finden, auch wenn du mal von ihm abkommen solltest.

Möchtest du ein richtiger Buddhist werden, ist es wichtig, dass du alle drei Kostbarkeiten ehrst.

Nur Buddha zu verehren oder nur den die Lehren des Dharma anhören reicht nicht. Ein richtiger Buddhist beschäftigt sich ein Leben lag mit den Dharma-Belehrungen, lebt in einer tugendhaften Gemeinschaft und besucht häufig einen Tempel.

Die vier edlen Wahrheiten

Buddha benannte damals Vier Edle Wahrheiten. Aus der vierten Wahrheit entsprang der Edle Achtfache Pfad. Beides, die Vier Edlen Wahrheiten und der Edle Achtfache Pfad gehören zum Dharma und sind wichtig, falls du zum Buddhismus konvertieren willst.

2. Schritt

Die erste Wahrheit: Die Existenz des Leides

Dass das Leben von Schmerz und Leid begleitet wird, weißt du nun. Buddha unterscheidet hierbei zwischen drei Arten von Leiden.

Alter, Krankheit und Tod

Hier erkennst du ganz bewusst deinen Körper. Du nimmst also den Alterungsprozess, einhergehende Krankheiten und den am Ende auf dich wartenden Tod wahr. Im Großen und Ganzen ist hier die Vergänglichkeit deines Körpers gemeint.

Psychische Leiden

Dazu zählt natürlich auch Vergänglichkeit, denn wenn ein geliebter Mensch stirbt, empfindest du Trauer aufgrund des Verlustes, die mit der Vergänglichkeit einhergeht. Aber auch Angst, Wut oder Enttäuschung spielen hier mit rein.

Fehlende Kontrolle

Im Leben bedingt das eine das andere. Du wirst erkennen, dass du nichts in deinem Leben kontrollieren kannst. Die Konsequenz ist Leid und ein nie endender Kreislauf der Existenz.

In der ersten Wahrheit geht es also darum, zu erkennen, dass alles vergänglich und das Leben alles andere als perfekt ist. Du hast nicht die Fähigkeit glückliche Momente festzuhalten, sie werden vergehen, genauso wie du selbst und die Menschen, die du liebst.

3. Schritt

Die zweite Wahrheit: Die Ursache des Leids

Über das Leid an sich bist du dir nun bewusst. Der Buddhismus nennt auch eine konkrete Ursache für dafür.

Buddha nannte die Ursache „Unwissenheit". Noch hast du nicht die Erleuchtung erfahren. Du nimmst zwar wahr, was um dich herum passiert, aber dich selbst nimmst du noch nicht wahr. In diesem Zusammenhang bedeutet das, dass du dir noch nicht darüber bewusst bist, wie sehr dein Geist unter der Vergänglichkeit leidet. Er hält noch krampfhaft an Dingen fest, die er unmöglich festhalten kann.

Er klammert sich an Ruhm, Reichtum und Leidenschaft. Er ist gierig und verlangt immer mehr.

Leider verlangt er nur nach Dingen, die früher oder später vergehen. Und wie du nun weißt, verursacht Vergänglichkeit und der damit zusammenhängende Verlust Leid. Aus Angst vor diesem Verlust resultiert letztendlich Geiz, Eifersucht und Stolz. Im Buddhismus stellen dies sogenannte Störgefühle dar.

4. Schritt

Die dritte Wahrheit: Das Ende des Leidens

Sobald du erkennst, dass dein Selbst und dein Körper nicht ein und das Selbe sind, bist du dem Ende des Leids schon sehr nahe. Denn dein Selbst ist nur eine Illusion.

Dein Geist befreit sich von allem sinnlichen Verlangen und Dingen, an die er sich aufgrund von Verlustängsten klammert.

Dadurch befreist du deinen Geist und er kann sich frei entfalten und bist erleuchtet. Denn nun erfährst du die volle und ganze Natur deines Geistes.

5. Schritt

Die vierte Wahrheit: Der Weg zum Ende des Leids

Aber wie erreicht man diesen Zustand? Wie erreicht man das Nirwana?

Es gibt verschiedene Wege, dieses Ziel zu erreichen. Zum Beispiel durch Meditation oder das Erlernen von Mitgefühl und Weisheit.

Dabei erklärte Buddha das Prinzip von Karma und die Beziehung von Ursache und Wirkung. Dieser Weg kann mehrere Leben lang, also mehrere Wiedergeburten über, dauern. Denn Ziel ist es, dem ewigen Kreislauf der Wiedergeburt zu entkommen.

Auf diesem Weg lebst du nach dem Edlen Achtfachen Pfad.

Der Edle Achtfache Pfad

Mit dem Edlen Achtfachen Pfad beschreitest du die vierte der edlen Wahrheiten. Er lässt sich in drei Wegabschnitte unterteilen:

- Erkenntnis und Weisheit
- Tugend und Ethik
- Mediation

Der Erkenntnis und der Weisheit lassen sich zwei Pfade zuteilen: Die rechte Ansicht und die rechte Gesinnung:

Zur Tugend und Ethik gehören drei Pfade: Die rechte Rede, das reche Verhalten und der rechte Lebensunterhalt.

Zur Mediation zählen ebenfalls drei Pfade: Die rechte Anstrengung, die rechte Achtsamkeit sowie die rechte Meditation.

Im Folgenden erkläre ich dir, was diese Pfade beinhalten und was sie von dir, als Buddhist, verlangen.

6. Schritt

Die rechte Ansicht

Hier geht es wieder um die vier edlen Wahrheiten. Erkennst du diese an und verstehst, was diese meinen, bist du im Besitz der rechten Ansicht.

Es geht also darum, sich seiner eigenen Vergänglichkeit und der Vergänglichkeit alles anderen bewusst zu sein. Auch die Ursachen dessen und die möglichen Wege das Leid zu beenden, gehören zur rechten Ansicht.

7. Schritt

Die rechte Gesinnung

Bescheidenheit und Zufriedenheit sind die Hauptaspekte dieses Pfades. Lege die Gier und das Verlangen nach immer mehr und mehr ab. Lebe dafür lieber ein Leben in Bescheidenheit.

Das führt dazu, dass du auf andere nicht mehr neidisch bist oder eine Liebe zu anderen nicht mehr davon abhängig ist, was sie dir geben. Du bist der bedingungslosen Liebe anderen gegenüber also einen Schritt nähergekommen.

Denn auf dem Pfad der rechten Gesinnung sind auch Friedfertigkeit und Wohlwollen deinen Mitmenschen gegenüber ganz essenziell.

8. Schritt

Die rechte Rede

Hier geht es um das, was du sagst. Beachte stets dein Motiv und deine Intention hinter deinen Aussagen. Ist diese schlecht, dann sagst du am besten gar nichts.

Generell solltest du nur die Wahrheit sprechen und niemanden täuschen wollen. Auch Getratsche wird von der rechten Rede ausgeschlossen. Vermeide es, überflüssige Kommentare von dir zu geben oder mit deinen Aussagen anderen etwas Böses zu wollen.

Rede mit anderen und auch über Dritte stets respektvoll. Das kannst du Tag für Tag üben.

9. Schritt

Das rechte Verhalten

Der vierte Pfad hat dein Mitgefühl im Fokus. Im Buddhismus ist ein Mitgefühl allen Wesen gegenüber, also nicht nur Menschen, sondern auch Tieren und Pflanzen gegenüber, essenziell.

Durch die rechte Gesinnung werden nun schlechte Handlungen nicht mehr genährt. Da du nun mit wenig zufrieden bist, wirst du jemand anderem aus Eifersucht nun kein Leid mehr zufügen wollen.

Beim rechten Verhalten, handelst du so, dass du für jeden Menschen nur das Beste willst. Du wirst aufmerksamer und fühlst mit ihnen mit, fühlst, was sie wirklich brauchen.

Du teilst und gibst anderen Menschen mehr im Gegensatz zu früher. Deine Gier nimmt ab. Auch das kannst du Tag für Tag üben, indem du dieses Verhalten in die Praxis umsetzt.

10. Schritt

Der rechte Lebensunterhalt

Du kannst dich nicht recht verhalten, wenn dein Beruf das Gegenteil repräsentiert. Du schadest mit deinem Beruf anderen, wenn du beispielsweise mit Waffen, Rauschmittel oder Fleisch handelst.

Wenn du darüber nachdenkst, wirst du merken, dass all diese Handlungsgegenstände ihrem Empfänger oder denen, von denen es kommt, schadet.

Die Waffen verletzen andere Menschen, das verkaufte Fleisch hat einem Tier geschadet, da es dadurch getötet wurde.

Da du anderen Wesen ab jetzt nur noch wohlwollend und respektvoll entgegentrittst, solltest du dies auch durch deinen Beruf repräsentieren.

11. Schritt

Die rechte Anstrengung

Die bisher beschriebenen Pfade erreichst du nicht ohne Anstrengung. Wohlwollen anderen gegenüber und ein zufriedenes Leben in Bescheidenheit, kommen nicht von allein.

Bei der rechten Anstrengung geht es darum, all deine Kräfte zusammen zu nehmen und die bisher beschriebenen Pfade in die Praxis umzusetzen.

Es wird Rückschläge geben, aber bei der rechten Anstrengung nimmst du dich, deinen Geist und deine Kräfte immer wieder zusammen, um ein besserer Mensch zu werden.

Dabei ist es hilfreich, dir erst einmal deiner selbst bewusst zu werden. Horche in dich hinein, wie geht es dir gerade? Gibt es in dir negative Gedanken und/oder Verlangen?

Das ist in Ordnung. Erst wenn du dir darüber bewusst bist, dass es sie gibt, kannst du gegen sie vorgehen.

12. Schritt

Die rechte Achtsamkeit

Lebe im Moment und im Hier und Jetzt. Schenke dir selbst Aufmerksamkeit. Wie atmest du, wie fühlt sich dein Körper an und was fühlst du gerade? Lasse alle Spannungen los, intensiviere deine Ausatmung.

Du wirst feststellen, dass deine Gefühle auftauchen und irgendwann wieder verschwinden. Sobald du dies erkennst, bist du in der Lage deinen eigenen Geist zu beobachten. Wie er von Illusionen getäuscht wird, manchmal hin- und hergerissen ist und immer versucht aus dem Hier und Jetzt zu fliehen.

Durch die rechte Achtsamkeit wirst du erkennen, dass alles miteinander zusammenhängt. Du selbst, die Natur, deine Umwelt, all das steht in Abhängigkeit zueinander.

Übungen zur Achtsamkeit findest du im Kapitel „Buddhismus im Alltag“.

13. Schritt

Die rechte Meditation

Dabei handelt es sich um eine Meditationsform, in der du einen Zustand von Glück erreichst. In diesem Zustand erscheint das Glück deines Alltags daneben winzig.

Auf diese Weise lässt dein Verlangen nach den Dingen nach, die dir alltägliches Glück bescheren. Denn mit dieser Meditation kannst du ein noch viel schöneres Glück erreichen, wann immer du willst. Dazu gehört allerdings einiges an Übung im Bereich der Meditation.

In einem späteren Kapitel kannst du etwas über verschiedene Mediationsübungen erfahren. Durch sie wird dein Geist konzentrierter und fokussierter und erreicht Gelassenheit. Du wirst vor allem am Anfang merken, wie unruhig dein Geist eigentlich ist.

14. Schritt

Den achtfachen Pfad in die Praxis umsetzen

Wow, das ist ganz schön viel, oder? Lass dich davon nicht abschrecken. Im Buddhismus ist der Weg das Ziel und dies kann, wie bereits erwähnt, sogar mehrere Leben lang dauern.

Suche dir einfach einen der acht Pfade aus, der dich besonders interessiert. Oder vielleicht gibt es etwas, das du gerne ändern möchtest.

Du tratschst viel? Dann wäre der Pfad der rechten Rede doch eine echte Herausforderung.

Nimm dir dafür mehrere Wochen oder Monate Zeit und lebe nach diesem Pfad. Setze dich hin, meditiere und ließ dir viel darüber durch. Binde ihn in deinen Alltag ein. Du wirst nicht immer erfolgreich sein, aber du wirst mit der Zeit merken, wie es immer besser klappt und dich immer besser fühlen.

15. Schritt

Glaube erst, wenn du alles hinterfragt hast

Anders als in anderen Religionen, folgst du nicht blind Geboten. Auch die vier edlen Wahrheiten und den Edlen Achtfachten Pfad gilt es zu hinterfragen.

Das predigte Buddha schon den Mönchen. Vertraue nie blind, sondern mache deine Erfahrungen und überprüfe es. Du kannst erst wirklich an etwas glauben, wenn dein tiefstes Inneres sich dieser Wahrheit bewusst ist.

Zum Beispiel kannst du jetzt nicht einfach beschließen an die Edlen Vier Wahrheiten zu glauben. Du musst sie selbst erfahren und erkennen, um an sie glauben zu können.

Zudem gibt es im Buddhismus kein „Entweder-oder". Nur weil du an die Edlen Vier Wahrheiten glaubst, schließt das nicht aus, dass du nicht auch an Gott oder Allah glauben darfst. Im Buddhismus ist es möglich auch andere Religionen zu haben, denn der Kern des Buddhismus ist schließlich Frieden und Toleranz.

In anderen Religionen bleibt dir nichts anderes übrig, als an Gott zu glauben. Als Christ kannst du beispielsweise nie wissen, ob Gott nun wirklich existiert oder nicht.

Der Buddhismus hingegen hat nicht das Ziel die Existenz eines Gottes zu beweisen. Vielmehr geht es hier um den Weg zur Erleuchtung, die du mit dem achtfachen Pfad und den vier edlen Wahrheiten anstrebst. Im Mittelpunkt steht also nicht die Wahrheit über einen Gott, sondern die Wahrheit über die Welt hinter der äußeren Welt und das wahre Sein.

16. Schritt

Die Sache mit dem Karma

Im Buddhismus werden Karma und Schicksal strikt voneinander getrennt. Dein Schicksal ist nicht von einem Gott oder äußeren Umstanden abhängig, sondern ganz von dir selbst.

Das hängt mit dem Karma zusammen.

Dein Karma entsteht durch Handlung, dabei wird zwischen drei Arten unterschieden:

- Körperliche Handlungen
- Handlungen der Rede
- Geistige Handlungen

Alle Handlungen, egal welcher Art, können Gutes oder Schlechtes bewirken und sogar neutral sein. Sie stehen also in einer Ursache-Wirkung-Beziehung. Das was du tust, ist die Ursache und hat eine Wirkung zur Konsequenz.

Dabei ist entscheidend, welche Intention du bei einer Handlung hast. Gibst du einem Obdachlosen aus selbstsüchtigen Gründen Geld (die Ursache), du möchtest beispielsweise vor deinen Freunden großzügig erscheinen, ist das ein schlechtes Motiv. Der Obdachlose wird zwar Glück empfinden (Wirkung), ein gutes Karma erzielt diese Handlung dennoch nicht.

Gutes Karma gibt dir Gutes zurück. In diesem Leben oder im nächsten. Fest steht aber im Buddhismus, dass alle positive Energien und Handlungen, die du in die Welt setzt, eines Tages zu dir zurückkehren.

Genauso verhält es sich auch mit schlechtem Karma. Die Chancen als ein Tier wiedergeboren zu werden, wenn du ein schlechtes Karma hast, stehen ziemlich hoch.

Gutes Karma entsteht beispielsweise durch

- Ein großzügiges Verhalten, wie das Teilen deines Besitzes
- Sinnvolles Verhalten, das kann in Konflikten der Fall sein
- Geduld, ein Beispiel könnte hier die Geduld sein, die du aufbringen musst, wenn du einem alten Menschen neue Technik näherbringen möchtest
- Begeisterte Tat; Du gehst also mit einer positiven Intention deine Handlungen an
- Mediation; Du bist im Einklang mit dir und der Welt, dazu kannst du dir nochmal das Kapitel

zum Edlen Achtfachen Pfad durchlesen oder das Kapitel mit den Meditationsübungen

- Weisheit; Das meint nicht eine intellektuelle Weisheit, sondern die Weisheit, die du während des Edlen Achtfachen Pfads erhältst und die du mit deinen Mitmenschen teilst.

Im Buddhismus gibt es also keinen Gott, der dich bestraft, sondern deine eigenen Taten tun dies. Auch schlechte Gedanken oder Emotionen verursachen schlechtes Karma.

Essenziell ist hier das Gesetz von Ursache und Wirkung. Jede deiner Handlung kann als eine Ursache angesehen werden, die etwas bewirkt.

17. Schritt

Mediation und Achtsamkeit

Wenn du meditierst, ist dies eine Zeit, in der du innehältst. Du nimmst dem Alltag seine Geschwindigkeit und entschleunigst ihn. Du fühlst und spürst in dich hinein und beginnst, dich bewusst selbst wahrzunehmen.

Bist du erst im Meditieren geübt, gelingt es dir einfacher, deine eigenen Fehler und Grenzen zu erkennen. Die Konzentration und Beherrschung deines Geistes, die du bei der Meditation vollziehst, nennt sich „Samadhi".

Hierbei überwindest du negative Gefühle wie Wut, Ärger, Begierde, Gier, Faulheit, Unruhe und Zweifel.

Buddha nennt verschiedene Stufen der Versenkungen. Damit sind verschiedene Tiefen gemeint, die du bei der Meditation erreichen kannst.

- **Achtsames, gerichtetes Denken:** Deine Gier lässt nach, du wirst bescheidener und zufriedener

- **Geistige Konzentration auf einen Punkt oder Gegenstand:** Du stoppst deine innere Unruhe und fühlst dich wohler

- **Gleichmut und Gelassenheit**

- **Aufhebung von Vergangenheit und Zukunft:** Du lebst im Hier und Jetzt und löst dich von Verlust- und Zukunftsängsten.

Das richtige Atmen

Meditieren hat sehr viel mit der richtigen Atmung zu tun. Und ob du es glaubst oder nicht, man kann falsch und man kann richtig atmen.

Für eine richtige Atmung atmest du ruhig und tief. Atme so tief, dass dein Bauch ein wenig dicker wird, wenn du einatmest und ihn mit Luft füllst. Wenn du ausatmest wird er dünner. Lege dafür deine Hände auf deinen Bauch und spüre seine Bewegungen.

Entspanne deine Muskeln dabei und versuche dich nur auf deine Atmung zu konzentrieren. Schweifen deine Gedanken ab, macht das nichts. Lenke sie einfach wieder auf deine Atmung.

Eine Kerze hilft dir

Viele Menschen bringen mit Meditation einen Mönch in Verbindung, der mit geschlossenen Augen im Schneidersitz sitzt. Das musst du nicht so machen. Vor allem Anfängern fällt es schwer zu Anfang die Augen zu schließen.

Zünde stattdessen eine Kerze an, stell sie vor dich hin und beobachte sie. Dabei kannst du die Augen ganz öffnen oder vielleicht sogar ein wenig schließen. Indem du dich auf die Kerze und auf ihre Flamme fokussierst, fokussierst du ebenfalls deine Gedanken.

Das ist besonders am Anfang wirklich schwierig.

Der richtige Sitz

Genauso wie du falsch atmen kannst, kannst du auch falsch sitzen. Vor allem bei der Mediation ist der richtige Sitz sehr wichtig.

Besorge dir ein Sitzbänkchen oder ein dickes Sitzkissen. Am häufigsten setzen sich Meditierende dann in einen Schneidersitz.

Dein Oberkörper sollte natürlich ausgerichtet sein, deine Lenden neigen sich leicht nach vorne. Insgesamt sitzt du bequem und nicht angespannt.

Deine Hände müssen natürlich auch irgendwo hin. Lege am besten beide Hände in deinen Schoß, wobei deine linke Hand in deiner rechten liegt. Deine Daumenspitzen berühren sich nun etwas.

ZEN Mediation

Eine sehr beliebte Art der Mediation ist die ZEN Meditation. Du setzt dich, wie oben beschrieben hin und schließt die Augen leicht.

Leichtes Augenschließen bedeutet, dass du hinunter auf den Boden blickst. Hierbei fokussierst du aber nichts, dein Blick ist eher leer und entspannt.

Beginne durch deine Nase ein- und auszuatmen. Hier atmest du genauso, wie ich es vorhin beschrieben habe: In deinen Unterbauch ein und aus der Nase wieder heraus.

Zähle beim Einatmen bis zehn und beim Ausatmen ebenfalls. Damit verhinderst du, dass deine Gedanken beginnen abzuschweifen.

Bist du geerdet, also bist du durch die Atmung ruhiger geworden, kannst du mit dem Zählen aufhören. Dies ist nur eine Art Aufwärmung.

Konzentriere dich nun auf das Nichts. Dabei versuche es nicht zu visualisieren. „Nichts" kann man logischerweise nicht verbildlichen. Lasse einfach deine Gedanken ziehen und gebe dich deinen Eindrücken und Gefühlen hin. Reagiere nicht auf sie, lasse sie lediglich auf dich einströmen.

Bist du fertig, streckst du dich einmal richtig, atmest noch einmal tief aus und kehrst in deinen Alltag zurück.

18. Schritt

Gib nicht auf

Wenn du beginnst zu meditieren, ist das oft ein holpriger Weg. Von außen wirkt es so einfach, es ist aber alles andere als das.

Zu Anfang werden vor allem deine Gedanken oft abschweifen. Dir wird bewusstwerden, wie unruhig dein Geist eigentlich ist.

Das kann frustrierend sein, ist aber ein Teil des Prozesses. Um deine Gedanken zu beruhigen, achte stets auf deine Atmung und konzentriere dich auf sie.

Es kann auch passieren, dass verschiedene Regionen deines Körpers sich taub anfühlen. Keine Sorge, das kann durchaus passieren. Vielleicht strengst du dich zu sehr an oder achtest nicht auf deine Atmung. Versuche dich an den Zeitpunkt zu erinnern, an dem du das letzte Mal deinen Atem wahrgenommen hast und knüpfe dort wieder an.

Vielleicht wirst du dabei auch sehr müde. Driftest du mit den Gedanken zu sehr ab, führst du die Mediation nicht ganz richtig aus.

Meditiere nur, wenn du dich wach fühlst, beispielsweise nach dem Aufstehen. Dadurch verhinderst du ein gedankliches Abschweifen durch mangelnde Konzentration. Eventuell hilft es dir auch mit offenen Augen zu meditieren und dich wie oben beschrieben beispielsweise auf eine Kerze zu konzentrieren.

19. Schritt

Buddhismus im Alltag

Um Buddhist zu werden, musst du dich nicht auf eine Reise um die Welt begeben. Du musst nicht wie Buddha selbst 7 Jahre lang herum pilgern und fasten.

Den Buddhismus und seine Lehren kannst du wunderbar in deinen Alltag einbringen. Vor allem, weil es primär um den richtigen Umgang mit deinen Mitmenschen und dir selbst geht.

Mit diesen kleinen Übungen und Tipps, kannst du also aus jedem Tag etwas ziehen und mehr über dich selbst und den Buddhismus lernen.

Meditation im Alltag

Für eine Mediation im klassischen Sinne solltest du dir immer 15 bis 20 Minuten Zeit nehmen. Streng genommen kann sich jeder Mensch diese Zeit in seinem Alltag freischaufeln. Aber es gibt einfach Tage, da wirst du es nicht hinbekommen.

Auf deine Meditation musst du trotzdem nicht verzichten. Denn es gibt tolle Übungen, die sich prima in deinen Alltag einbauen lassen. Also egal wie stressig dein Tag mal sein sollte, für diese kleinen Mediationsübungen ist wirklich immer Zeit. Und dadurch nimmst du deinem Tag sogar ein wenig Stress.

Kleine Mediation am Morgen

Für diese Übung musst du nicht einmal früher aufstehen. Koche dir doch morgens einfach mal einen Tee anstatt eines Kaffees. Den Kaffee kannst du schließlich noch später auf der Arbeit trinken.

Koche also Wasser auf, denn in dieser Zeit findet deine Meditationsübung statt.

Sammle in dieser Zeit deinen Geist und konzentriere dich auf den Wasserkocher. Nimm die Geräusche, die er macht wahr, sei dir seines Aussehens bewusst. Bei dieser Übung kommst du zur Ruhe und blendest alle Gedanken und Termine, die der Tag noch mit sich bringt, aus.

Lasse dich dabei nicht ablenken. Das ist vor allem am Anfang schwierig, wenn du diese Übung die ersten Male durchführst. Von daher ist es am besten, wenn du dich alleine in der Küche befindest und auch dein Handy weit weg liegt.

Meditiere, um dich von negativen Energien abzuwenden

Auch diese Übung dauert nicht länger als 30 Sekunden und ist sehr hilfreich, wenn es um Konflikte oder Stresssituationen geht.

Häufig kommt es vor, dass Menschen wütend sind und diese Wut an uns auslassen. Vielleicht ist auch lediglich Unzufriedenheit oder Trauer die Ursache. Was auch immer der Grund ist, du bekommst diese negativen Energien zu spüren. Dies passiert meist in Form von Streits, Vorwürfen oder bissigen Bemerkungen.

Nimm die Unausgeglichenheit deines Gegenübers zur Kenntnis, akzeptiere sie. Atme einmal tief ein und stelle dir vor, wie du seine negativen Energien in dir aufnimmst. Denn genau das tust du, wenn du dich dem Streit mit einem Menschen aussetzt.

Hierbei behältst du die negativen Energien aber nicht in dir. Atme nun einmal tief aus und stelle dir dabei vor, wie die negativen Energien aus deinem Körper heraus und hinein in die Erde fließen. Du gibst die Negativität also wieder ab.

Achtsamkeit im Alltag

Achtsamkeit im Alltag wird von vielen Menschen schnell vernachlässigt. Das liegt vor allem daran, dass unser Alltag grau und eintönig ist. Dadurch sind wir so in unserem Trott gefangen, dass wir nicht anderes mehr sehen außer ihn.

Fange deswegen klein an, nämlich bei dir selbst.

Egal wo du dich gerade befindest und egal welche Körperhaltung du eingenommen hast, dein Körper ist immer bei dir.

Achte auf deine Bewegungen. Wenn du dich bewegst und gehst, achte ganz genau darauf wie du gehst, wie es sich anfühlt und was du unter deinen Füßen spürst.

Dasselbe tust du im Liegen, Sitzen und Stehen. Achte darauf, wie es sich anfühlt, sogar wie es deinem kleinen Zeh dabei geht. Sei dir stets ganz bewusst, in welcher Position dein Körper sich befindet und wie es ihm dabei geht.

Beobachte auch, welche Intention du mit deiner Position verfolgst. Liegst du, weil du müde bist? Wenn nicht, auch nicht schlimm. Beginne dich zu fragen, was du dabei wahrnimmst. Vielleicht tut dir etwas weh und das Liegen tut dir deswegen gut.

Sammle dabei immer deine Gedanken und schweife dabei gedanklich nicht schon zum nächsten Meeting ab.

Baue in deinen Alltag ruhig kleine Verschnaufpausen, ähnlich wie bei der Mediation im Alltag ein. Die kannst du wunderbar mit anderen Dingen verbinden. Selbst wenn du nicht zu Fuß zur Arbeit laufen kannst, parke doch ein wenig weiter weg und laufe dann entspannt zur Arbeit. Dabei nimmst du bewusst jede deiner Bewegungen wahr und achtest auf deine Atmung.

Auch der Weg zum Supermarkt lässt sich wunderbar in einen Spaziergang verwandeln.

Vor allem an einem freien Tag kannst du besonders achtsam sein. Atme dabei zum Beispiel ganz bewusst und nehme auch deine Aktivitäten bewusster wahr als sonst. Vor allem einfache Tätigkeiten wie Geschirr spülen oder aufräumen kannst du wunderbar mit Achtsamkeit verbinden.

Wie du merkst, kannst du viele alltägliche Dinge in deinen Alltag in eine Achtsamkeits-Übung verwandeln.

20. Schritt

Buddhistische Schulen und Zentren in deiner Nähe

Buddhas Lehre, also das Dharma, wird an buddhistischen Schulen gelehrt. Dort trittst du in Austausch mit anderen Buddhisten und zusammen versucht ihr euer gemeinsames Ziel, den Weg zur Erleuchtung, zu erreichen.

Dabei ist es sehr schön auf Menschen zu treffen, die wie du in Frieden und Harmonie leben wollen und einander nur das Beste wünschen. Sie arbeiten an sich selbst, so wie du es auch tust.

In Deutschland gibt es mittlerweile über 100 buddhistische Zentren und Gruppen. Um an Meditationen oder Vorträgen teilzunehmen, musst du in der Regel nicht einmal etwas bezahlen.

Am einfachsten kannst du im Internet nach Zentren und Schulen in der Nähe suchen. Nimm anschließend einfach Kontakt mit dem Zentrum auf und erkundige dich nach der Lehre, die dort unterrichtet wird.

Denn buddhistische Schulen haben unterschiedliche Schwerpunkte. Erkundige dich nach ihnen und überlege, ob du dich mit diesem Schwerpunkt identifizieren kannst. Denn nur so kann ein inniges Vertrauen mit den Gelehrten und auch den anderen Buddhisten entstehen.

Ihr Sarah Lehm

PS: Wenn Dir dieser kleine Ratgeber gefallen hat, hinterlasse mir doch gerne eine Rezension auf Amazon. Das würde mir viel bedeuten.

Im Anschluss möchte ich Dir eine Leseprobe eines meiner Bücher mitgeben. Ich hoffe Du hast Gefallen daran.

Kapitel 5

Leseprobe: Meditation lernen. So einfach verschaffen Sie sich mehr Ausgeglichenheit, Gelassenheit und Energie für den Alltag

Einleitung

Es gibt diese entspannten Menschen, die nichts aus der Ruhe bringen kann. Alles geht schief, ein wichtiges Projekt steht auf der Kippe und diese Menschen wirken so entspannt, als lägen sie zu Hause in der Badewanne und würden den warmen Schaum und einen Tee genießen. In einem hitzigen Wortgefecht wirken sie wie ruhende Buddhas. Streiten? Mit ihnen kaum möglich. Zwei können nicht streiten, wenn einer nicht will, besagt ein isländisches Sprichwort. Diese in sich ruhenden

Menschen können sich ganz bewusst dazu entschließen, in einen Streit einzusteigen oder eben nicht.

Wie machen die das? Zum einen kommen wir Menschen mit ganz unterschiedlichen Charakteren zur Welt. Der eine ist von Natur aus ruhiger und sanfter, während der andere schon als Baby gerne mal lauter seinen Unmut herausbrüllte und auch heute noch durch sein hitziges Temperament auffällt. Beide haben aber die natürliche Veranlagung in sich, entspannt, ruhig und gelassen zu sein.

Wem das nicht in die Wiege gelegt wurde, der kann durch Meditation seine innere Ruhe (wieder)finden. Durch regelmäßiges Meditieren gelangen Sie in einen inneren Raum, der immer ruhig ist und in dem Sie Ihre eigene Kraft fühlen können. Sie entwickeln Gelassenheit und eine wesentlich größere Resistenz gegen Stress und Aufregungen jeder Art.

Was ist Meditation?

Lassen wir dazu einmal Osho zu Wort kommen:

> *"Meditation ist ein Abenteuer – das größte, in das der menschliche Geist sich stürzen kann. Meditation heißt: einfach da sein, ohne irgendetwas zu tun – keine Handlung, kein Gedanke, keine Gefühlsregung. Du bist. Und das ist reines Entzücken. Woher kommt das Entzücken, da du doch gar nichts tust? Von*

nirgendwoher und von überall. Es kommt unverursacht, denn die Existenz ist aus dem Stoff, der Freude heißt. Osho in "Das orangene Buch"

Dies ist eine wunderbare Definition der Meditation. Es geht bei der Meditation darum, den Geist zu konzentrieren und die Gedanken vorbei ziehen zu lassen. Ihnen keine Aufmerksamkeit zu geben, sie auch nicht verdrängen zu wollen, sondern sie loszulassen. Es geht darum, im Hier und Jetzt zu sein. Die Meditation ist die Übung der Stille und des präsent seins. Es geht um Selbstliebe.

Es gibt viele Formen der Meditation: Meditationen in Stille, in Bewegung, traditionelle und moderne Meditationsarten. Ursprünglich entstammt die Meditation religiösen Traditionen. Heutzutage ist Meditation für den modernen Menschen eine Möglichkeit, abzuschalten und Energie zu tanken. Es ist keine bestimmte Glaubensrichtung nötig, um von den Vorteilen der Meditation profitieren zu können. Wie tief Sie einsteigen und sich entdecken möchten, bleibt Ihnen überlassen.

Osho, der indische Philosoph und Rebell, von dem oben die Rede war, war der Meinung, dass zunächst durch Bewegung nicht genutzte Energie zum Ausdruck gebracht werden musste. Er entwickelte verschiedene Aktive Meditationen, die in Bewegung stattfinden. Auch Yoga und Tai Qi zählen zu den aktiven Meditationen. In diesem Buch finden Sie sowohl Aktive als auch Stille Meditationen. Bei den Stillen Meditationen ist der Blick nach innen gerichtet, bei den Aktiven Meditationen wird der Blick auf etwas im Äußeren gerichtet, z. B. auf bestimmte Bilder oder die Bewegung Ihrer Beine und Füße beim Gehen.

Es gibt angeleitete Meditationen, Meditationen bei denen ein Mantra gesprochen wird, Mudra Meditationen u. v. m. Tatsächlich kann jede Tätigkeit, die mit Liebe und voller Aufmerksamkeit ausgeführt ist, eine Meditation sein. Es geht also nicht um die Technik und darum, "richtig" zu meditieren, sondern darum, im Hier und Jetzt zu sein. Und das kann zu Beginn Herausforderung genug sein.

Mediation lässt sich durch Worte nur bedingt beschreiben. Das ist wie bei Geschmäckern oder Gerüchen. Versuchen Sie, den Geschmack einer Himbeere zu beschreiben. Es wird Ihnen nie gelingen. Natürlich können Sie es probieren und eventuell wird eine Idee dessen, was Sie meinen, beim Empfänger ankommen. Schmecken kann dieser die Himbeere nur selbst. Damit Sie nun einen Geschmack von Meditation bekommen, fangen wir direkt mit einer an. Nehmen Sie sich hierfür circa 10 Minuten Zeit:

Meditation 1

- Suchen Sie sich einen ruhigen Raum und einen gemütlichen Stuhl oder einen Platz am Boden. Grundsätzlich kann auch liegend meditiert werden, für den Beginn empfehle ich jedoch, eine sitzende Position einzunehmen.

- Setzen Sie sich mit aufrechter und entspannter Wirbelsäule hin, falls Sie auf einem Stuhl sitzen, stellen Sie bitte die Füße auf den Boden. Falls Sie auf dem Boden sitzen, können Sie im Schneider- oder Lotussitz sitzen. Die Hände legen Sie entspannt auf die Beine oder die Knie.

- Schauen Sie nach vorne oder schließen Sie sanft die Augen.

- Lenken Sie die Aufmerksamkeit von außen nach innen. Fühlen Sie in ihren Körper hinein. Folgen Sie mit Ihrer Aufmerksamkeit Ihrem Atem. Beobachten Sie, wie er hineinströmt und wieder hinaus fließt. Verändern Sie nichts, beobachten Sie nur. Kommen Sie zur Ruhe.

- Beobachten Sie Ihre Gedanken und lassen Sie sie vorüberziehen. Der Verstand denkt ständig. Das ist seine Aufgabe und absolut okay. Aber Sie brauchen nicht auf alle diese Gedanken einzugehen. Lassen Sie sie vorüberziehen wie Wolken am Himmel.

- Horchen Sie jetzt in sich hinein. Wo in Ihrem Körper fließt es und wo fühlt es sich blockiert oder irgendwie anders an? Wie fühlen Sie sich? Können Sie dieses Gefühl in Ihrem Körper spüren? Bemerken Sie eine Verspannung, ein Festhalten? Verändern Sie nichts. Schenken Sie diesem Bereich liebevoll Aufmerksamkeit, indem Sie Ihren Atem dorthin lenken.

- Bleiben Sie so lange in der Meditation, wie es sich gut anfühlt und öffnen Sie dann langsam die Augen. Kommen Sie mit Ihrer Aufmerksamkeit zurück in den Raum.

Großartig! Das war Ihre erste Meditation. Mehr gibt es nicht zu tun

Weiter lesen auf Amazon:

Autorenseite (http://amzn.to/2vgE6g6)

Kapitel 6

Das Eis brechen

Nun haben Sie also schon ein paar gute Tipps und Ideen dafür, wie und worüber Smalltalk zu führen ist. Was aber nützt all das Wissen, wenn man nicht angesprochen wird. Da steht man nun in der perfekten Situation für den Plausch, wartet aufs Stichwort und nichts passiert. Es scheint gar niemand etwas von Ihnen hören zu wollen.

Alles umsonst? Ganz und gar nicht. Denn dann übernehmen Sie eben den ersten Schritt. Auch das Eis zu brechen ,will gelernt sein. Wie man das Gespräch in Gang bringt, hängt aber von der jeweiligen Situation ab.

Treffen Sie auf eine bekannte Person, sind ein Gruß und Augenkontakt auf jeden Fall der erste Schritt. Eigentlich der perfekte Einstieg, denn wenn die andere Person nicht gerade in abgrundtief schlechter Laune oder allgemein komplett unsozial ist (womit sie sich als Smalltalk-Ziel ohnehin erledigt hätte), ist Ihnen ein Lächeln und eine freundliche Erwiderung des Grußes gewiss. Eine großartige Vorlage.

Fast noch einfacher ist es aber mit Fremden. Eine Veranstaltung, ein Vortrag oder ein Meeting mit externen Kollegen ist nicht nur die perfekte Gelegenheit ein Gespräch in Gang zu bringen, es gibt auch mehr als genügend Themen zu Einstieg.

Die folgenden Sätze sind super „Eis-Brecher". Prägen Sie sich am besten diese Sätze ein. Auch hier gilt: Seien Sie entspannt und freundlich.

- *„Und woher kennen Sie (Name des Gastgebers etc.)?"*
- *„Haben Sie gut hergefunden? Wie war Ihre Reise so?"*
- *„Möchten Sie vielleicht auch ein Glas xxx?"*
- *„Wie gefällt es Ihnen hier bislang?"*
- *„Schön, dass wir uns in XY (Stadt/Ort) wieder sehen. Was halten Sie von der Stadt?"*

KAPITEL 7

In Gesprächskreise einsteigen

Smalltalk ist nicht immer zwingend ein Dialog. Er kann auch zwischen mehr als zwei Personen stattfinden. Allerdings ist es manchmal nicht so leicht, als Außenstehender auf eine Gruppe zuzutreten, die gerade fröhlich vor sich hin plauscht und einfach in das Gespräch einzusteigen, selbst wenn man sicher willkommen ist. Aber auch daran können Sie arbeiten.

Eis muss in einem etablierten Gesprächskreis zwar nicht mehr gebrochen werden, aber irgendwie muss die Kontaktaufnahme ja stattfinden. Wenn man nicht auf die Optionen von dem Kapitel „Wie Sie andere von sich überzeugen und interessant wirken“ zurückgreifen kann, weil man es nicht nur mit einer einzelnen Person zu tun hat, müssen eben weitere Methoden her, um in den Kreis einzuschmelzen.

Hier dürfen Sie die Sache ruhig langsam angehen lassen. Mitten ins Gespräch hineinzuplatzen, ist nur dann eine gute Idee, falls Sie mitbekommen, dass die Leute über etwas grübeln, das Sie zufällig wissen und beantworten können. Wenn Sie also im Vorbeigehen hören, wie die Gruppen-Smalltalker überlegen, wie die bekannte Schauspielerin hieß, die in der deutschen Version der „Simpsons“ Marge ihre ikonische Stimme verlieh und freundlich in den Kreis hineinrufen „Elisabeth Volkmann“, dürfen Sie das gerne als gelungenen Einstieg nutzen.

Andernfalls empfiehlt es sich erst einmal näher an die Ansammlung heran zu rücken.

Nicht immer ist eine Gruppe offen für neue Teilnehmer. Wenn die Personen sehr eng beinander stehen, vielleicht gar die Köpfe in den Kreis neigen, wird schnell klar, dass dies nicht der beste Moment ist, sich dazuzugesellen. Dann versuchen Sie Ihr Glück lieber woanders.

Wirkt der Kreis aber eher geöffnet, mit genügend Abstand zwischen den einzelnen Teilnehmern, geht es fröhlich und laut zu, dann ist dies eine gute Gelegenheit, um sich zu integrieren.

Hören Sie eine Weile lang zu, nehmen Sie immer wieder mal kurz Augenkontakt mit dem Sprecher und einem anderen Mitglied auf und wenn ein Gespräch geführt wird, zu dem Sie etwas beitragen könnten, dann schließen Sie sich an.

Kleiner Tipp: In eine Gruppe mit einer ungeraden Zahl an Teilnehmern lässt es sich meist leichter einsteigen. Dann steht in der Regel eine Person frei und kann sich dann direkt mit Ihnen unterhalten, anstatt hauptsächlich zuzuhören. Das aber nur als Insider-Hinweis. Lassen Sie sich von der Mathematik bloß nicht abschrecken, falls Sie eine interessante Truppe bestehend aus vier Leuten erblicken.

Und wenn Sie irgendwann mal in die Situation geraten, in der Sie selbst bereits Teil einer Gruppe sind, die sich fröhlich am Smalltalk beteiligt, und merken, dass jemand gerne dazu stoßen würde, machen Sie es demjenigen einfach und lotsen ihn mit einem Lächeln und Winken in den Kreis.

KAPITEL 8

Gute Frage – Offene Frage

Offene Fragen stellen

Gesprächspartner: „Finden Sie das Wetter auch so furchtbar?“

Sie: „Ja.“

Gesprächspartner: „Mögen Sie Katzen?“

Sie: „Nein.“

Nichts bringt einen Gesprächsfluss schneller zum Erliegen als geschlossene Fragen, also solche, die sich nur mit „Ja“ oder „Nein“ beantworten lassen. Viel mehr gibt es dann schließlich von Seiten des Gegenübers auch nicht dazu zu sagen. Schlimmer noch, viele solcher Fragen aneinandergereiht haben etwas von ausfragen.

Achten Sie darauf, auf offene Fragen, zurückzugreifen. Also Fragen, die mit sogenannten Interrogativpronomen beginnen: Was gefällt Ihnen ... Welchen finden Sie am besten ... Wie ist Ihrer Meinung zu ...

Damit bringen Sie den Gesprächspartner dazu, mehr von sich preiszugeben. Offene Fragen sorgen dafür, dass der Andere auch tatsächlich über eine bestimmte Sache sprechen wird, das Thema vertieft und Ihnen im Idealfall sogar die Möglichkeit gibt, weitere Fragen zum Detail anzuhängen. Auf diese Weise entdecken Sie vielleicht auch gemeinsame Interessengebiete.

Übung Nr. 5

Sie waren kürzlich im Kino und möchten mit Ihrem Gegenüber über das Thema Filme reden. So sollten Sie es bitte nicht tun:

> Sie: *„Ich war am Samstag im Kino und habe den neuen Star Wars Film gesehen. Mögen Sie Science-Fiction-Filme?"*

Ihr Gesprächspartner kann auf diese Weise direkt mit „Ja“ oder „Nein“ antworten. Aus einem potentiellen „Ja“ könnte man hier vielleicht sogar ein paar Kommentare zum Film herausholen. Lautet die Antwort aber „Nein“, ist das Thema so gut wie verloren.

So wird es gemacht:

> Sie: *„Ich war am Samstag im Kino und habe den neuen Star Wars Film gesehen. Welche Filme gefallen Ihnen denn so und warum gefallen diese Ihnen?“*

Das ist eine sehr gute Vorlage, um Gemeinsamkeiten zu entdecken und das Gespräch am Laufen zu halten. Aber selbst wenn Sie keine Gemeinsamkeiten vorfinden werden, wird der Gesprächspartner doch das Bedürfnis verspüren, mehr von sich zu erzählen und seine Meinungen und Vorlieben zu diesem Thema äußern.

Umgekehrt kann es natürlich genauso funktionieren. Falls der andere selbst eine geschlossene Frage stellt, dürfen Sie ruhig über das „Ja“ und „Nein“ hinaus ins Detail gehen:

> *Gesprächspartner:* *„Ich habe am Samstag den neuen Star Wars Film gesehen. Mögen Sie Science-Fiction-Filme?“*

<u>Sie:</u> „Ja. Den neuen Star Wars habe ich allerdings noch nicht gesehen. Mein letzter Film war „The Avengers". Comic-Verfilmungen mag ich fast noch lieber. Was halten Sie denn von denen?"

An und für sich eine einfache Sache, aber die Ja-Nein Fragetechnik ist oft jene, auf die wir automatisch zurückgreifen.

Machen Sie zur Übung ruhig ein Spiel daraus. Überlegen Sie sich gängige Alltagsfragen und schreiben Sie diese Fragen auf. Wandeln Sie diese Fragen so um, dass man nicht mit Ja oder Nein darauf antworten kann. Irgendwann geht diese Art der Frage-Struktur ganz mühelos auf Sie über.

Körpersprache, Mimik und Gesten

Ein Bild sagt mehr als tausend Worte. Zumindest können Gesprächspartner mehr als 50% des Eindrucks einer Person aus deren Körpersprache, Mimik und Gestik entnehmen. Smalltalk ist daher nicht nur eine mündliche Angelegenheit. Ebenso wichtig wie das Gesagte ist beim Reden Ihr Auftreten.

Für die positive Körperhaltung gibt es sowohl in der sitzenden als auch in der stehenden Position Regeln. Zunächst aber sollten Sie stets auf folgende allgemeingültige Verhaltensweisen achten, damit Sie einen offenen Eindruck erwecken:

1. Sehen Sie Ihren Gesprächspartner an

Gerade als Zuhörer vermittelt man sonst schnell den Eindruck, dass einen das Gesagte eigentlich gar nicht so interessiert. So wird Ihr Gegenüber dann schnell die Lust verlieren, weiter mit Ihnen zu sprechn. Zugleich sollen Sie dem anderen aber auch nicht ununterbrochen ins Gesicht starren. Wenden Sie den Blick ruhig zwischendurch mal kurz ab, aber lassen Sie den Gesprächspartner nicht annehmen, dass etwas anderes Ihre Aufmerksamkeit auf sich gelenkt hat.

2. Lächeln Sie

Kein breites Joker-Dauergrinsen ist notwendig, aber ein lockerer, freundlicher Zug um den Mund herum macht jedes Gespräch gleich viel freundlicher und vertrauter.

3. Verständnisvoller Gesichtsausdruck

Wird über ein eher ernstes Thema gesprochen, bei dem ein Lächeln nicht angebracht ist, versuchen Sie sich auf einen verständnisvollen, aber entspannten Gesichtsausdruck zu beschränken. Stirnrunzeln, hängende Mundwinkel oder zusammengekniffene Augen erwecken einen negativen Eindruck, selbst wenn das aktuelle Gesprächsthema selbst nicht allzu positiv ist. Man muss es ja nicht noch schlimmer machen.

4. Ab und an einfach mal nicken

Nicken Sie zwischendurch, um zu zeigen, dass Sie folgen können und ganz Ohr sind.

5. Schenken Sie volle Aufmerksamkeit

Sie haben eine Mappe bei sich, eine Tasche oder sitzen gerade am PC, während das Gespräch stattfindet? Die Aufmerksamkeit sollte ganz dem Sprechenden gehören. Sie müssen die Aktentasche nicht unbedingt ablegen, versuchen Sie aber bitte diese nicht wie ein Schutzschild vor sich zu halten. Das kann als abwehrende Haltung interpretiert werden. Auch in der Tasche herumkramen oder zugleich etwas am PC machen ist tabu.

6. Behalten Sie das Handy in der Tasche

Finger weg vom Handy! Zwar scheint heutzutage jeder ununterbrochen das Mobiltelefon in der Hand zu haben, aber beim erfolgreichen Smalltalk hat das Gerät nichts verloren. Herumspielen oder Nachrichten abrufen, während des Gesprächs ist unhöflich und lassen Sie desinteressiert wirken.

7. Halten Sie Ihre Hände still

Mit den Fingern trommeln, sie verknoten, an Kleidung oder Haar zupfen, sprechen für Unsicherheit und Nervosität.

Körperhaltung beim Smalltalk im Sitzen

Achten Sie beim Smalltalk im Sitzen auf eine aufrechte Sitzhaltung. Natürlich müssen Sie nicht stocksteif auf dem Stuhl sitzen. Entspannen Sie sich ruhig, aber eben auch nicht lässig auf dem Polster lümmeln.

Die Hände sind auf den Lehnen bestens aufgehoben. Falls keine Lehnen vorhanden sind, locker auf dem Tisch mit angewinkelten Ellbogen nebeneinander setzen. Falls aus irgendeinem Grund auch kein Tisch vorhanden ist: in derselben Position ab in den Schoß damit.

Die Beine locker gerade zu halten, ist immer eine gute Wahl. Wenn Sie mit überschlagenen besser sitzen, dürfen Sie das ruhig tun, nur sollten Sie sich dann für eine Position entscheiden. Häufiger Wechsel lässt auf Unsicherheit und Unkonzentriertheit schließen. Das überkreuzende Bein sollte möglichst immer in Richtung des Gesprächspartners zeigen, andernfalls sieht es so aus, als wollten Sie sich lieber von ihm abwenden. Bitte unterlassen das typische „Beinezucken".

Körperhaltung beim Smalltalk im Stehen

Auch hier gilt: Aufrecht, aber bitte nicht steif und unbeweglich wie ein Roboter.

Verschränkte Armen können – je nach Körpergröße – sowohl dominant als auch distanziert wirken und keines von beiden nicht gut an. Für Ihr Gegenüber drückt das meist Abweisung aus (das gilt auch beim Smalltalk im Sitzen!).

Ihre Beine müssen nicht haargenau nebeneinanderstehen. Eines darf ruhig ein Stück weiter vorne stehen, was Sie locker wirken lässt. Hauptsache, die Fußspitzen sind nicht nach innen gekehrt, denn das lässt wiederum schüchtern und verlegen wirken.

Ist Ihr Gesprächspartner deutlich kleiner als sie, machen Sie bitte nicht den Fehler und beugen Sie sich zu ihm hinab wie zu einem Kind. Das mag zwar gut gemeint sein, wirkt aber sowohl überheblich, als auch unbequem. Bei auffallendem Größenunterschied ist es besser, ein wenig zur Seite zu treten. Von diesem Blickwinkel aus ragt der eine dann nicht mehr so weit über den anderen hinaus und ein Gefühl von gleicher Ebene entsteht.

Was den Abstand zum Gegenüber angeht, so können die Wohlfühl-Zonen variieren. 50cm gelten aber als passendes Maß, um dem Gesprächspartner nahe genug zu sein ohne dabei aufdringlich zu wirken.

Puh – klingt, als wäre das eine ganze Menge an Vorschriften, die es zu behalten und zu beachten gilt, wenn man beim Smalltalk richtig auftreten möchte. Tatsächlich ist es aber gar nicht so kompliziert, denn die beschriebenen Körperhaltungen sind jene, die man ganz von selbst einnimmt, solange man entspannt und selbstbewusst ist. Früher oder später befinden Sie sich ganz automatisch in diesen Positionen.

Übung Nr. 6

Am besten können Sie die richtige Körpersprache vor dem Spiegel proben. Damit Sie dabei nicht krampfhaft an die Sache herangehen – so wie es Ihnen möglicherweise beim Small Talk mit Fremden passiert -, sorgen Sie für eine angenehme Atmosphäre. Lassen Sie Ihre Lieblingsmusik oder gar eine Serie im Hintergrund laufen, denken Sie an ein erfreuliches Ereignis, irgendetwas, was Ihnen hilft sich zu entspannen und locker zu werden. Denn so sollen schließlich später auch dem Smalltalk-Partner gegenübertreten. Wenn Sie sich selbst freundlich und vertraut gegenübersitzen oder stehen können, klappt das später auch mit anderen.

Auch Lächeln will gelernt sein und zwar nicht wie auf einem Foto. Versuchen Sie die Mundwinkel locker zu halten, wenn sie diese zu einem Lächeln formen. Hier hilft es wieder an ein besonders schönes Ereignis zu denken, ob es nun in der Vergangenheit liegt oder noch kommt. Ein freundlicher Gesichtsausdruck, welcher der Ehrlichkeit entspringt, erzeugt eine positive Ausstrahlung. Lächeln Sie Ihrem Spiegelbild bei dieser Übung also ruhig solange zu, bis sie selbst davon überzeugt sind, dass Ihr Zwilling ehrlich gut gelaunt ist.

Wenn Sie Ihr Lächeln sicher beherrschen, müssen Sie später im Ernstfall auch nicht zwanghaft an etwas anderes denken, nur um denselben Effekt zu erzielen. Freuen Sie sich darüber, dass das Gespräch gut läuft, die andere Person ebenfalls freundlich dreinblickt.

KAPITEL 9

Wie Sie andere von sich überzeugen und interessant wirken

Letztendlich soll es nicht nur ein interessantes Gespräch werden, sondern auch von Ihnen selbst einen überzeugenden Eindruck hinterlassen. Ihr Smalltalk muss für den anderen keine weltverändernde Offenbarung werden, aber ihm doch das Gefühl geben, dass es eine anregende Unterhaltung war und man sich gerne wieder mal sprechen möchte.

Vielleicht sind Sie ja von Ihrer eigenen Person noch nicht richtig überzeugt und finden sich selbst erst einmal gar nicht so interessant. Jetzt aber bloß nicht den Fehler begehen und sich selbst als jemanden präsentieren, der man nicht ist, nur um mehr aus der eigenen Person rauszuholen. Oder großes Interesse an Dingen zu zeigen, von denen man eigentlich nur sehr wenig Ahnung hat.

Nehmen wir an, das Gespräch führt zum Thema Frankreich oder Französisch. Ein recht unbekanntes Gebiet für Sie? Dann halten Sie sich an jene Punkte, von denen Sie auch wirklich etwas verstehen. Wenn Sie vor zehn Jahren ein paar Französisch-Stunden hatten, von denen nur sehr wenig hängen geblieben ist, wäre das hier eine denkbar schlechte Vorgehensweise:

> *Gesprächspartner:* „*Wir fahren fast jeden Sommer nach Frankreich, wir haben dort Verwandte.*“
>
> *Sie:* *Oh, Frankreich, wie schön. Wissen Sie, ich habe Französisch gelernt.*“
>
> *Gesprächspartner:* „*Ah, oui? Le français est une langue merveilleuse, n'est-ce pas ? Et où avez-vous l'appris?*“

Das Schulfranzösisch von damals reicht vermutlich nicht aus, um eine Konversation in der Sprache zu führen und anstatt sich damit interessant zu machen, stehen Sie verlegen und schlimmstenfalls als ein schlechter Prahler dar. Wichtig ist, dass der interessante Aspekt der Wahrheit entspricht und Substanz hat. Eine viel bessere Antwort wie in diesem Beispiel hier wäre:

<u>Sie:</u> *„In Frankreich war ich auch schon mal, nämlich in … Und besonders gut gefallen hat mir …“*

oder

<u>Sie:</u> *„Ich habe auch Verwandte im Ausland. Sie leben in …“*

oder

<u>Sie:</u> *„Ach, dann sprechen Sie vielleicht auch ein wenig Französisch? Die Sprache hat mir immer sehr gefallen, auch wenn ich Sie nicht beherrsche, aber dafür kann ich ziemlich gut Spanisch sprechen.“*

Übung Nr. 7

Denken Sie an Themen, wie man ihnen in einer Quiz-Show begegnen könnte: Reisen, fremde Kulturen, sportliche Hobbys, Haustiere etc. Erstellen Sie im Kopf ein kleines Netzwerk und überlegen Sie, ob Sie das aktuelle Thema mit naheliegenden Dingen verknüpfen können, für die Sie echtes Interesse, Wissen oder Fähigkeiten aufbringen. Oder über das sie ganz einfach etwas Unterhaltsames zu berichten wissen.

Sie haben bereits eine ganze Palette an interessanten Hobbys, Talenten und Wissensvorräten? Das ist super, denn dann gibt es viel zu erzählen – aber bitte immer in Maßen, nicht in Massen verwenden.

So bitte nicht:

> Sie: *„Ich kann Klavier und Gitarre spielen. Montags gehe zum Bogenschießen, mittwochs bin ich beim Krafttraining und an den Wochenenden stehe ich früh zum Joggen auf. Außerdem zeichne ich gerne, beherrsche drei Sprachen fließend und gelte als der beste Koch in meinem Freundeskreis."*

Damit zeigen Sie zwar deutlich, dass Sie ein aktiver Mensch mit vielen Interessensgebieten sind, stehen aber auch schnell mal ans Angeber oder Perfektionist da. Wer außerdem gleich alles auf einmal auspackt, hat beim nächsten Mal nicht mehr viel zu erzählen. Bleiben Sie bescheiden und prahlen Sie nicht. Man wird auch so Gefallen an Ihnen finden.

Kapitel 10

Ein Gespräch ordentlich führen und galant beenden

Es heißt zwar Gesprächsfluss, doch damit ist nicht gemeint, dass irgendjemand ununterbrochen reden muss, damit ja keine zwei Sekunden Stille entstehen. Pausen sind erlaubt. Genauer gesagt sogar erwünscht. Fühlt man sich in der Gesellschaft des anderen wohl, darf es durchaus mal etwas still sein.

Was tun, wenn Kontroversen aufkommen?

Man kann noch so perfekt Auto fahren, wenn die anderen auf der Straße es nicht tun, kann es trotzdem zu gefährlichen Situationen kommen. So ähnlich auch beim Smalltalk. Über die Tabus und schlechten

Themen sind Sie sich bewusst. Was der andere sagt, lässt sich jedoch nicht kontrollieren und so kann es passieren, dass trotz aller Freundlichkeit plötzlich auf einen Streitpunkt gestoßen wird oder Ihr Gesprächspartner etwas sagt, was Sie für sehr heikel oder zweifelhaft halten. In so einer Situation bitte nicht ins dasselbe Horn blasen, selbst wenn Sie die negative Kritik vielleicht nachvollziehen können. Hier ein paar Beispiele.

Beispiel A:

Sie befinden sich auf einer Veranstaltung mit Buffet. Die Kanapees waren vielleicht nicht die besten und Ihr Gesprächspartner hat keinerlei Hemmungen das auszusprechen.

> *Gesprächspartner:* *„Diese Snacks sind ja wirklich das Allerletzte. Viel zu trocken. Wenn die ihre Gäste hier beeindrucken wollen, sollten Sie nicht so ungenießbaren Fraß auftischen.“*

Selbst wenn Ihnen die Kanapees auch nicht geschmeckt haben, wird es doch wohl kaum ein angenehmes Gespräch, wenn man nur über das Essen schimpft und mit Sicherheit keinen positiven Nachgeschmack hinterlassen. Anstatt in die Kritik mit einzusteigen, könnten Sie hier die Aufmerksamkeit des anderen auf etwas Positives lenken.

> Sie: *„Die Schnitten standen vielleicht ein wenig zu lange an der Luft. Aber haben Sie mal den Kuchen probiert? Der schmeckt wirklich ausgezeichnet. Richtig saftig und nach Schokolade."*

Beispiel B:

Sie unterhalten sich mit einem Kollegen. Dieser bringt mit einem Mal einen anderen Mitarbeiter ins Spiel.

> Gesprächspartner: *„Kennen Sie Herrn B. aus der Finanzabteilung? Haben Sie gesehen, dass er heute dasselbe Hemd anhat wie gestern auf der Betriebsfeier? Man könnte fast annehmen, dass er die Nacht bei jemandem verbracht hat, der nicht seine Frau ist."*

Zugegeben, Lästern und Tratschen macht bis zu einem gewissen Grad durchaus Spaß. Wir haben es alle schon mal getan. Tatsächlich ergibt sich dadurch sogar ein Gefühl der Verbindung, da man mehr oder weniger eine gemeinsame Meinung entdeckt hat. Trotzdem, von übler Nachrede ist Abstand zu halten. In dem Moment, in dem es geschieht, gefällt es Ihnen, aber ganz sicher werden Sie dadurch dem Gesprächspartner nicht in guter Erinnerung bleiben. Darüber hinaus muss dieser annehmen, dass Sie bei der nächsten Gelegenheiten auch über ihn herziehen werden – und umgekehrt.

Fängt der Gesprächspartner also mit so einem Thema an, gießen Sie kein Öl ins Feuer. Eine gute Reaktion auf Lästereien wie in genannten Beispiel wäre:

1. Gleichgültigkeit

Kommentieren Sie das Gesagte mit etwas Nichtssagendem. Damit wird dem Lästerer schnell klar, dass Sie der Tratsch nicht interessiert und sie das Thema nicht vertiefen wollen.

Sie: „*Wer weiß.*“

oder

Sie: „*Davon habe ich nichts mitbekommen.*“

oder

Sie: „*Möglich.*“

oder

Sie: „*Ich kenne Herrn B. kaum.*“

2. Themenwechsel

Ein abrupter Themenwechsel kann natürlich auch als Taktik zur Tratsch-Vermeidung durchschaut werden, was aber auch vollkommen in Ordnung ist. So können Sie die brenzlige Situation umgehen und dem anderen still und leise zu verstehen geben, dass

Sie sich nicht über solche Dinger unterhalten wollen.

> Sie: *„Die Betriebsfeier war wirklich schön. Wie lange sind Sie denn geblieben?“*

oder

> Sie: *„Da fällt mir ein, ich muss heute noch mit meinen Hemden zur Reinigung. Leider ist meine Waschmaschine derzeit defekt.“*

oder

> Sie: *„Mir gefällt die Wandfarbe in der Finanzabteilung wirklich gut. Ob die hier bei uns auch irgendwann einmal die Wände wieder streichen werden?“*

Beispiel C:

Menschen können überraschen. Manchmal unterhält man sich und meint, einer wirklich netten Person gegenüberzustehen, bis diese plötzlich eine Bemerkung fallen lässt, die unter die Gürtellinie geht. Etwas Rassistisches, Sexistisches oder ähnlich Unangebrachtes. Es ist gut nachvollziehbar, dass Sie darauf am liebsten mit aller Deutlichkeit reagieren würden, um Ihren Standpunkt klar zu machen. Smalltalk soll aber eben nicht in einer hitzigen Diskussion enden. In einer solchen Situation ist der

Streit auch selten etwas wert. Vermutlich werden Sie in dieser kurzen Zeitspanne die Meinung Ihres Gegenübers kaum ändern können – so verhält es sich nun einmal mit Extremen.

In solchen Momenten ist es meist einfach besser, das Gespräch höflich aber eindeutig zu beenden. Natürlich dürfen Sie trotzdem vorher Ihren Standpunkt zum Gesagten deutlich machen. In einem prägnanten Satz, der zeigt, dass Sie darüber anders denken. Und dann nehmen Sie einen der Tipps von weiter unten zum Thema „*Gespräch elegant beenden*" und ziehen sich elegant aus der Affäre.

Beispiel D:

Ihr Gegenüber scheint sich in Sachen guter Smalltalk noch nicht so auszukennen wie Sie, denn jetzt hat er Ihnen doch tatsächliche eine Frage gestellt, die Sie als zu persönlich finden. Und zwar nicht, weil Sie empfindlich sind, sondern weil es wirklich eine unangebrachte Frage ist.

Nehmen Sie es dem Gesprächspartner nicht übel. Vielleicht hat er in der Sekunde danach schon selbst gemerkt, dass er dieses Thema nicht hätte anschneiden sollen und es ist einfach so im Eifer des Gefechts passiert. Selbst wenn nicht, dürfen Sie die Fragen entweder ganz einfach ignorieren – was ähnlich wie beim Punkt „*Lästern*" zeigt, dass Sie nicht darüber reden wollen – oder Sie erklären dies kurz und bündig aber freundlich.

Sie: *„Über dieses Thema möchte ich lieber nicht sprechen."*

oder

Sie: *„Dazu möchte ich nichts sagen."*

oder

Sie: *„Reden wir doch lieber über etwas anderes."*

Denken Sie daran, egal, mit wem Sie sprechen und egal, wie weit diese Person über Ihnen stehen mag: Sie müssen keine Frage beantworten, die Sie nicht beantworten wollen. Auch nicht, wenn Sie Angst haben, dass dadurch die gute Stimmung des Gesprächs gekippt wird.

Und falls Sie selbst es sind, dem eine zu intime Frage herausgerutscht ist, verbessern Sie sich einfach rasch.

Sie: *„Verzeihung, das geht mich natürlich gar nichts an."*

oder

<u>*Sie:*</u> *„Entschuldigung, das ist mir so rausgerutscht. Eigentlich wollte ich fragen, ob...“*

Das kann passieren und ist kein Weltuntergang und wird Ihnen auch nicht übel genommen, wenn Sie zeigen, dass keine unpassende Neugier dahinter steckte.

Gespräche elegant beenden

Und irgendwann ist dann der Zeitpunkt erreicht, wenn man sich nett unterhalten hat, aber spürt, dass dem Gespräch dann doch die Luft ausgeht. Was auch vollkommen in Ordnung ist, denn immerhin heißt es SMALLtalk und soll keine abendfüllende Unterhaltung sein. Man soll sowieso bekanntlich immer dann aufhören, wenn es am Schönsten ist.

Wenn Sie also merken, dass über die angesprochenen Themen nun alles gesagt wurde, was es zu sagen gibt und allmählich Pausen entstehen, dürfen Sie das Gespräch gerne aktiv beenden, falls Ihr Gegenüber das nicht sowieso übernimmt. Nichts geht über einen gelungen Abschluss.

Übung Nr. 8

Folgende Redewendungen dürfen Sie sich gut einprägen, denn diese sollten jeder Form des Gesprächsabschlusses vorausgehen.

> *„Es war schön sich mit Ihnen zu unterhalten."*

> *„Danke für das angenehme Gespräch."*

> *„Es hat mich gefreut, Ihre Bekanntschaft zu machen."*

Sich für die Unterhaltung zu bedanken und damit zu signalisieren, dass es Ihnen Spaß gemacht hat, ist nie verkehrt und hinterlässt einen positiven Eindruck.

Andere Möglichkeiten

1. Versprechen Sie in Kontakt zu bleiben

> Sie: *„Wir können gerne in Kontakt bleiben. Wenn Sie mir Ihre Nummer geben, dann melde ich mich bei Gelegenheit bei Ihnen."*

Toll, wenn sich aus dem Smalltalk ein echter Kontakt ergeben hat. Versprechen Sie aber nur dann sich zu melden, wenn Sie es auch wirklich vorhaben. Andernfalls wird Ihr Gesprächspartner das später als leere Floskel interpretieren, die Sie nur angewandt haben, um der Konversation ein Ende zu bereiten.

2. Entschuldigen Sie sich

> Sie: *„Wenn Sie mich entschuldigen möchten, ich muss mich noch um ein paar andere Gäste kümmern."*

Es dürfen auch andere Angelegenheiten sein...

> Sie: *„Ich habe noch ein wichtiges Telefonat zu führen."*

oder

> Sie: *„Ich muss ein wenig frische Luft schnappen."*

Hier dürfen Sie den Vorwand ruhig etwas wichtiger machen, als er eigentlich ist. Vielleicht müssen Sie gar nicht so dringend nach draußen oder das Telefonat muss nicht unbedingt jetzt geführt werden, aber es ist eine akzeptable Entschuldigung und ein eleganter Weg das Gespräch zum Abschluss zu bringen.

3. Stellen Sie Leute einander vor

Sie merken schon, wenn Sie jetzt gehen, wird Ihr Gegenüber ganz alleine hier stehen oder sitzen. Dafür müssen Sie sich zwar nicht schuldig fühlen, aber es ist trotzdem nicht so schön. Eine tolle Lösung wäre, den Gesprächspartner anderen Kollegen, Bekannten oder Freunden vorzustellen, damit er nach Ihrem Weggang jemanden hat, dem er sich anschließen kann.

KAPITEL 11

Mit Smalltalk neue Kontakte und Freundschaften knüpfen

Das kurze Gespräch beim Smalltalk soll idealerweise nicht nur ein paar stille Minuten überbrücken. Im besten Falle ergeben sich daraus Kontakte oder sogar Freunde. Ein paar aktive Methoden, um diese zu gewinnen, sind:

1. Visitenkarten austauschen

In der Geschäftswelt gibt es kaum einen besseren Weg nach dem Smalltalk Kontakte zu festigen. So haben beide Seiten am Ende das Gefühl, dass Sie sich als wirklich interessant präsentiert haben. Gerade bei jüngeren Menschen, die vielleicht noch nicht so viele Gelegenheiten hatten, ihre Karte an den Mann zu bringen und stolz sind, endlich eine solche zu besitzen, hinterlässt es ein sehr angenehmes Gefühl.

2. Handynummern austauschen

Mit Mobiltelefonen hat man heutzutage zahlreiche Möglichkeiten zur verbalen oder schriftlichen Konversation. Wer sich richtig gut unterhalten hat, hat bestimmt auch Lust, das Gespräch mal am Hörer fortzuführen.

3. Treffen vereinbaren

Es hatte sich im Laufe des Gesprächs herausgestellt, dass Sie gerne dasselbe Café besuchen, beide Fußball spielen oder ähnliche Interessen haben, die sich wunderbar vereinen lassen? Dann bietet sich ein Treffen geradezu an. Möglicherweise lässt sich gleich etwas auf ein Datum festlegen, aber vielleicht bleibt es auch erst einmal beim „*Wir müssten unbedingt mal zusammen xxx besuchen*“, ohne dass man sich am Ende wirklich festlegt. Auch das ist ein guter Anfang und zeugt von Interesse.

4. Auf sozialen Medien vernetzen

Im Internet finden heutzutage viele soziale Interaktionen statt – bei manchen sogar mehr als im echten Leben. Die Klassiker sind Facebook, Twitter, Instagram und in der beruflichen Welt Linkedin oder Xing. Letztere sind immer eine gute Möglichkeit, um

Ihrem Gesprächspartner einen noch besseren Einblick in Ihren Bildungs- und Karriereweg zu geben. Dort wird auch kaum etwas mitgeteilt, was zu privat für die Öffentlichkeit wäre.

Auf Twitter kann viel passieren. Vielleicht hat sich im Laufe des Smalltalks ja ergeben, dass der andere zu Themen postet, die Sie sehr interessieren. Wenn Sie sich hier als Follower anschließen, lernt man sich noch mal ein bisschen besser kennen, kommt erneut ins private Gespräch und hat möglicherweise später Lust, den Kontakt noch auf andere Ebenen zu vertiefen.

Mit Facebook ist das so eine Sache. Manche haben kein Problem damit, andere als Freunde hinzuzufügen, die sie nur flüchtig (oder manchmal gar nicht) kennen. Manche haben den Account ohne viel damit zu machen, andere stellen dort sämtliche Details zu ihrem Leben ein. Von sich selbst aus sollten Sie Facebook also lieber nicht als Kontaktmöglichkeit vorschlagen. Das wirkt im schlimmsten Falle einfach zu privat. Tut der andere es, können Sie ja immer noch überlegen, ob Ihnen dies recht ist.

KAPITEL 12

Weitere Ratschläge

Was, wenn ich alles „richtig“ gemacht haben und aus dem Smalltalk trotzdem nicht wurde?

Sie haben sich Mühe gegeben, mit dem anderen ins Gespräch zu kommen, sind mit ehrlicher und positiver Einstellung an die Sache rangegangen und haben sogar das perfekte Thema gefunden – aber trotzdem blieb Ihr Gegenüber eher einsilbig und so richtig warm wurde man miteinander einfach nicht?

Wie in jeder anderen Lebenslage sollten Sie sich hier von Rückschlägen nicht abschrecken lassen und bloß nicht im Nachhinein ewig grübeln, was man hätte anders machen können und minutenlang mögliche Fehler analysieren. Zum Smalltalk gehören immer noch zwei. Vielleicht hatte die andere Person einfach keinen guten Tag und konnte sich beim besten Willen nicht zum lockeren Gespräch aufraffen. Möglicherweise haben Sie jemanden erwischt, der tatsächlich nicht sehr sozial und grundsätzlich nicht auf Kontakte aus ist.

Und wer weiß – vielleicht war er oder sie ja selbst noch Smalltalk-Anfänger? Nicht nur Sie mussten sich erst einmal Ratschläge zu diesem Thema holen. Auch andere sind mal verlegen, nervös oder wissen einfach nicht, was sie antworten sollen. Das kann Ihnen sogar mit Menschen passieren, die „höher" als Sie gestellt sind.

Kein Beinbruch und dass Sie sich freundlich und sozial verhalten haben, kann Ihnen selbst bei geringer Resonanz niemand schlecht auslegen.

Was tun, wenn ich bei mir Wissenslücken bemerke?

Stellen Sie sich vor, Ihr Gesprächspartner redet mit einer großen Selbstverständlichkeit von einem Thema, weil er annimmt, Sie und überhaupt jeder weiß darüber Bescheid. Das kann nun einmal nicht immer der Fall sein und lassen Sie sich dadurch nicht einschüchtern. Der andere weiß ganz genau, warum Windows Vista so unbeliebt war und Sie nicht? Fragen Sie ruhig nach. Damit zeigen Sie Interesse am Gesagten und geben dem anderen auch die Gelegenheit, Ihnen ein Thema näher zu bringen, mit dem er sich gut auskennt und über das er sicherlich gerne spricht. Solange es keine „schweren" Bildungslücken sind (dass Sie dachten, in Mexiko würde man Mexikanisch und nicht Spanisch sprechen, sollten Sie lieber nicht erwähnen), immer raus damit. Das ist doch eines der schönen Dinge am Smalltalk: Man kann jederzeit etwas Neues lernen.

Irgendwie hat sich aus dem Smalltalk nicht wirklich etwas ergeben

Dass Smalltalk richtig effektiv sein kann und auch über das Gespräch hinaus dauerhafte Kontakte einbringen kann, wurde ja nun zu Genüge besprochen. Und obgleich es ein angenehmer Plausch war, sind Sie der Person doch kaum näher gekommen, keine engere Verbindung wurde hergestellt und „mehr" ist auch nicht daraus geworden? Macht nichts. Dann war es eben einfach ein gutes Gespräch und das ist doch auch etwas wert. Das negative Klischee besagt, dass Smalltalk leeres Gerede ist und eigentlich zu nichts führt. Tatsächlich ist es so, dass Smalltalk zu viel führen kann, aber eben nicht muss. Wenn Sie sich mit jemandem nett unterhalten haben, ist die Zeit ebenfalls gut investiert. Gerade bei schüchternen Menschen stärkt dies das Selbstbewusstsein und lässt einen fröhlicher und aufgeschlossener zurück. *„Siehe da, ich habe mich mit Fremden einfach so unterhalten und es hat Spaß gemacht!"*

Kapitel 13

Zu guter Letzt

Haben Sie sich in diesem Ratgeber in bestimmten Situationen widererkannt? Wurde Ängste, Sorgen oder gar Vorurteile angesprochen, die Sie empfunden haben, wenn es darum ging, neue Leute kennenzulernen, sich mit Unbekannten zu unterhalten oder ein Gespräch mit Vorgesetzten in Gang zu bringen?

Dann hält Sie auch nichts davon ab, diese Dinge anzugehen und zum Besseren zu ändern. Sie sind weder der/die Erste noch der/die Einzige in einer solchen Situation. Smalltalk und eine spontane interessante Konversation zu beginnen, mag manchen einfach von vornherein liegen, doch dahinter steckt kein außergewöhnliches Talent, das nur an manche Menschen verteilt wurde. Darüber hinaus ist es durchaus möglich, dass jene Leute zwar in der Lage sind, schnell eine Unterhaltung zu führen, die Qualität kann jedoch auf der Strecke bleiben. Vielleicht hält man Sie ja am Ende sogar für den angenehmeren Gesprächspartner, obgleich Sie erst kürzlich den Sprung ins kalte Wasser gewagt haben.

Eines haben die „großen Redner“ aber sicherlich gemeinsam: Selbstbewusstsein. Wer noch dabei ist, sich solches ordentlich aufzubauen, ist beim Smalltalk ohnehin genau richtig, wie Sie nach ein paar gelungenen Gesprächen feststellen werden. Als Anfänger dürfen Sie dann mit dem Wissen „Es kann eigentlich gar nichts passieren“ einsteigen. Entweder passiert nach dem Plausch wirklich gar nichts, was durchaus in Ordnung ist, oder es passiert viel Positives.

Schlussendlich ist Smalltalk auch eine Frage der Übung. Gehen Sie die praktischen Beispiele des Ratgebers Punkt für Punkt durch und Sie sind für alle möglichen Situationen gewappnet, haben immer eine passende Antwort parat und können kaum überrascht werden. Außer davon, wie angenehm diese „formlose Plauderei ohne Tiefgang“ doch sein kann.

KAPITEL 14

Dankeschön

Abschließend möchte ich mich noch von ganzem Herzen bei Ihnen bedanken, dass Sie mit dem Erwerb dieses Ratgebers Vertrauen in mich, meine Erfahrungen und meine Arbeit gesetzt haben.

All das Wissen habe ich mir über die Jahre angeeignet und versuche dieses so gut verständlich und einfach umsetzbar wie möglich zu vermitteln, um Sie auf Ihren Lebensweg zu unterstützen.

Ich hoffe, dass Sie Einiges aus diesem, bewusst kurz gehaltenen Ratgeber, der alles knackig auf Punkt bringen sollte, mitnehmen konnten und mit den Inhalten, Tipps und Tricks positive Veränderungen erzielen.

Über ein Feedback Ihrerseits mittels einer kleinen Bewertung auf Amazon würde ich mich sehr freuen.

Ich wünsche Ihnen für Ihre Zukunft alles erdenklich Gute und würde mich freuen, wenn ich Sie mit meinen Erfahrungen und weiteren Tipps unterstützen kann.

Chakren

Kapitel 1

Was Chakren eigentlich sind

Bevor Sie überhaupt damit anfangen können, sämtliche Vorteile der Chakra-Meditation und des Chakra-Ausgleichs zu verstehen, müssen Sie natürlich zunächst erst wissen, was ein Chakra eigentlich ist. Und das kann ein ziemlich schwer verständliches Konzept für einige Leute sein. Sie sollten sich für den Anfang also merken, dass es drei hauptsächliche Chakra-Punkte gibt. Das Wort Chakra lässt sich übrigens mit Rad übersetzen, manchmal auch mit Scheibe. Es wird als aufgewirbelte Energiekugel in einem bestimmten Teil Ihres Körpers gesehen, und es wird behauptet, dass ein Chakra einem bestimmten Punkt im Körper entspricht, der wiederum normalerweise mit Nerven und Organen korrespondiert.

Die Haupt-Chakren sind entlang der Wirbelsäule angeordnet. Sie verlaufen dabei den ganzen Weg vom Steiß bis an die Spitze Ihres Kopfes, wobei Sie sie sich als verwirbelte Energie vorstellen müssen. Chakren stellen die Punkte dar, an denen sich Ihr Geist bzw. vielmehr Ihr Bewusstsein mit Materie bzw. vielmehr Ihrem Körper treffen soll.

Die unsichtbare Energie, die ein Chakra darstellt, wird oft Prana genannt. Prana wird als Teil der lebenswichtigen Lebenskraft gesehen – manchmal sogar als die Lebenskraft selbst. Die Lebenskraft hält Sie gesund, kräftig und am Leben. Was das Wichtigste ist, Chakren haben im geöffneten Zustand den Zweck, Sie gesund zu halten. Es ist sehr wichtig die Chakren zu Ihrem Vorteil zu nutzen, wenn Sie spirituelles, mentales und körperliches Wohlbefinden erreichen möchten, ohne irgendetwas opfern zu müssen.

Warum es wichtig ist:

Chakren korrespondieren mit den Nervenzentren in Ihrem Körper. Die sieben Haupt-Chakren sind einerseits Nervenbündel, andererseits wichtige Organe, die wiederum mit Ihrem spirituellen Zustand, Ihrem psychologischen Zustand und sogar Ihrem emotionalen Zustand korrespondieren. Die Energie befindet sich dabei stets in Bewegung, und deshalb ist es auch wichtig, dass Ihre Chakren geöffnet bleiben, sollen sie die Energie doch ständig fließen lassen können. So können die Chakren nicht blockiert werden und der Energiefluss kann Sie entsprechend gesund halten. Sobald ein Chakra-Punkt blockiert ist, befinden Sie sich nicht mehr im Gleichgewicht.

Das kann körperliche, emotionale und mentale Probleme verursachen, die von Ihrem Körper und Ihrem Geist ihren Tribut zollen werden. Schließlich wird sogar Ihr spirituelles Ich negativ beeinflusst. Das heißt, Sie müssen zu gegebener Zeit aktiv daran arbeiten, die Chakren wieder freizumachen. Sie jedoch offen zu halten ist eine große Herausforderung, wenn Sie sich Ihres Chakras gar nicht richtig bewusst sind. Dieses Bewusstsein für Ihr Chakra zu entwickeln ist also der erste Schritt um sicherzustellen, dass Sie Ihre Chakren zu Ihrem Vorteil einsetzen. Es ist der erste Schritt, um sicherzustellen, dass Sie sich gesund halten und mit allem umgehen können, was Ihnen das Leben so in den Weg stellt.

Was ein Chakra blockieren kann:

Ihr Chakra offen zu halten bedeutet natürlich, dass Sie über die Dinge Bescheid wissen müssen, die Ihre Chakren blockieren und deren Fluss unterbrechen könnten, während Sie versuchen gesund zu bleiben. Einer der Hauptaspekte, der Ihr Chakra negativ beeinflussen kann, ist negative Emotionen. Das Traurige dabei ist, dass es sich nicht einmal um Ihre eigenen Emotionen handeln muss. Die Negativität anderer kann sich ebenfalls schlecht auf Sie auswirken und krank machen.

Sie müssen dementsprechend darauf Acht geben, mit welchen Menschen Sie sich umgeben, wenn Sie wirklich gesund bleiben wollen. Auch müssen Sie sicherstellen, dass Sie Ihre eigenen negativen Emotionen unterdrücken und mit ihnen umgehen. Das müssen Sie auf eine gesunde Weise tun: wenn Sie diese schlechten Gefühle bloß anstauen lassen, dann werden Ihre Chakra-Pfade mit Sicherheit blockiert, was wiederum Ihre Nerven und Organe, sowie Ihren mentalen und emotionalen Zustand negativ beeinflusst.

Wenn Sie versuchen einen Teil von sich selbst zu verdrängen, dann blockieren Sie gleichzeitig Ihr Chakra. Viele Krankheiten tun dies ebenfalls – das schließt jedwede emotionalen und mentalen Krankheiten mit ein, wie Angstgefühle, Depressionen und Stress. Das ist nur einer der Gründe, warum Meditation so wichtig ist. Sie werden natürlich feststellen, dass es viel leichter ist mit Stress umzugehen, wenn Sie sich von vornherein aktiv um Ihre Chakren und Ihren Körper kümmern. Stress ist eine der Hauptursachen, warum Chakra-Pfade blockiert werden; allerdings kann das auch viele andere Gründe haben, z.B. ein Energieungleichgewicht aufgrund des Ortes, an dem Sie sich gerade befinden oder durch den Sie gerade durchreisen.

Die Wichtigkeit von Gleichgewicht & Meditation:

Die Wichtigkeit von Gleichgewicht und Meditation für Ihre Chakren begründet sich auf die Art, wie die Niveaus von Stress und Angstgefühlen verringert werden.

Das kann dabei helfen mentale Störungen, wie beispielsweise Depressionen, zu lindern. Ihr mentaler, emotionaler und körperlicher Zustand werden miteinander ins Gleichgewicht gesetzt. So können Sie im Leben stets vorankommen. Auch wird Ihnen dabei geholfen, Trauer und seelisches Leid besser zu verarbeiten, was es Ihnen gestattet auch unter Druck arbeiten zu können. Wenn Sie Ihre Chakren ausgleichen, werden Sie mit allem, was Ihren Weg kreuzt, leichter zurechtkommen und Frieden finden. Chakra-Meditation hilft Ihnen dabei, das, was Ihnen passiert, zu verarbeiten – und zwar genau dann, wenn es passiert oder direkt im Anschluss.

Die Chakra-Meditation kann einen Ausgleich der Chakren nicht weiter nötig machen. Über negative Ereignisse im Leben hinwegzukommen ist in jedermanns Leben wichtig, allerdings insbesondere dann, wenn Sie sich wegen dieser Ereignisse krank oder sehr emotional fühlen. Regelmäßiges Meditieren wird Ihnen schon helfen – bei der Chakra-Meditation stellen Sie jedoch zudem noch sicher, dass Ihre Konzentration darauf liegt, Ihre Energiepunkte offen zu halten. So erhalten Sie sich einen gesunden Körper und eine gesunde Mentalität und halten sowohl Ihre emotionale als auch Ihre spirituelle Seite im Gleichgewicht.

KAPITEL 2

Die Chakra-Punkte & was Sie wirklich beeinflussen

Sie wissen jetzt schon, dass sich in Ihrem Körper sieben Chakra-Punkte befinden. Bevor Sie jedoch damit beginnen können, diese Punkte auszugleichen und durch eine geführte Chakra-Meditation zu gehen, müssen Sie verstehen, was diese Punkte eigentlich sind. Jeder Chakra-Punkt beeinflusst einen bestimmten Teil Ihres Körpers. Wenn dieser Punkt blockiert ist, sollten Sie jederzeit darüber Bescheid wissen, was durch diese Blockade und durch fehlende Chakra-Mediation entsprechend in Ihrem Leben negativ beeinflusst wird.

Das erste Chakra:

Das erste Chakra ist auch als das sogenannte Wurzel-Chakra bekannt. Es befindet sich an der Basis Ihrer Wirbelsäule. Das Symbol dieses Chakras ist das rote Quadrat. Es offenbart sich als Verbindung mit der Erde, bringt Ihnen Stabilität, einen Sinn der Erdung und einen Überlebenssinn. Dieses Chakra ist mit Ihrem Geruchssinn, Ihren Nieren, Ihrer Blase, Ihrem Rückgrat, der Prostata und den Nebennieren verbunden. Es soll Ihren Selbsterhaltungstrieb, Ihr Vertrauen und Ihr Verlangen, sich in der körperlichen Welt aufzuhalten und das zu erleben, was diese Welt zu bieten hat, beherbergen.

Es steht oft in Beziehung mit dem Planeten Mars, und sein Edelstein, der Ihnen dabei hilft, es auszugleichen, ist rotgelblich. Falls sich Ihr erstes Chakra nicht im Gleichgewicht befindet, könnten Sie sich übermäßig habgierig verhalten oder angsterfüllt sein, und wenn zu wenig Energie hindurchfließt fühlen Sie sich schikaniert und nicht mit der Erde verbunden. Der Hauptaspekt dieses Chakras ist die Unschuld in der Welt, die Sie mit ihm tragen.

Sollte dieses Chakra blockiert sein, fühlen Sie sich so, als ob entweder die Leute mit denen Sie sich umgeben oder Ihre Umwelt Sie fesseln. Ihnen mag es möglicherweise gar nicht richtig klar sein, warum Sie sich überhaupt gefesselt fühlen – vielleicht träumen Sie nicht einmal mehr oder es fehlt Ihnen an Vorstellungskraft. Ihnen fällt es schwer, sich an Veränderungen anzupassen. Sie fühlen sich sehr unbeständig, allerdings gibt es auch körperliche Auswirkungen: Ihnen wird auffallen, dass Sie an Problemen bei der Ausscheidung, mit Ihrem Gewicht, Ihrem Darm, sowie Ihren Knochen, Füßen und Beinen leiden.

Das zweite Chakra:

Das zweite Chakra liegt direkt unterhalb von Ihrem Bauchnabel und wird von der Farbe Orange repräsentiert. Sein Symbol ist ein nach oben gedrehter Halbmond und es steht oft in Verbindung mit Wasser. Es beeinflusst Ihre Fähigkeit, Empathie zu zeigen, Ihre Beziehungen, und Ihre Sexualität. Ebenfalls steuert es Ihr Vergnügen und Ihr Wohlbefinden, oder inwiefern Sie sich an Ihren Emotionen erfreuen und sie verarbeiten können. Das beeinflusst Ihre Polarität und Ihre Fähigkeit, sich verändern zu können.

Das Chakra ist mit Ihrem Intimbereich verbunden, also Ihren Fortpflanzungsorganen und Ihren Beinen. Viele Menschen greifen auf Amethysten zurück, um das Chakra auszugleichen. Es wird vom Planeten Merkur repräsentiert und beeinflusst Ihren Geschmackssinn und Ihr drittes Auge. Sollte zu viel Energie durch dieses Chakra fließen, werden Sie lusterfüllt, süchtig und extrem kontrollierend. Wenn Sie dieses Chakra jedoch meistern, können Sie die Gefühle anderer besser verstehen.

Bei einer Blockade dieses Chakras fühlen Sie sich energielos und von den Menschen um Sie herum sehr distanziert. Ihre Libido könnte drastisch ansteigen und es könnte Probleme in Ihren Beziehungen geben. Es kann ebenfalls zu Problemen in Ihrem Harnsystem, (beispielsweise also Blasenentzündungen) und mit Ihren Fortpflanzungsorganen kommen.

Das dritte Chakra:

Das dritte Chakra ist dasjenige im Solar Plexus, befindet sich also direkt über Ihrem Nabel. Es wird von der Farbe Gelb und dem Element Feuer repräsentiert und hat das Mantra Ram. Das Symbol des Chakras ist ein nach unten zeigendes Dreieck. Es kontrolliert Ihre Willenskraft, Freude und Motivation, zudem beeinflusst es Ihre Selbstachtung und die Identifizierung und die Meisterung Ihres Willens, was die Macht des Lichts und Beziehungen miteinschließt. Es stellt Energie her, wenn Sie sich selbst und Ihre Wünsche ausdrücken. Dabei werden Bauchspeicheldrüse, Leber, Gallenblase, Magen und sogar Ihr Sehsinn beeinflusst. Repräsentiert wird das Chakra durch den Planeten Jupiter und Smaragde.

Wenn sich in diesem Chakra zu viel Energie findet, werden Sie sehr ichbezogen handeln, oft sogar egoistisch, und einen zu großen Ehrgeiz entwickeln. Ihr Verlangen danach, die Kontrolle zu übernehmen kann überwältigend sein und Ihre Beziehungen zerstören. Allerdings wollen Sie in diesem Chakra auch kein Defizit aufbauen, denn falls das der Fall ist, fühlen Sie sich wertlos und übersensibel. Sie sehen sich dann gewissermaßen als Märtyrer, oder als jemand, der noch nie von irgendjemandem gemocht wurde, selbst wenn das gar nicht stimmt. Außerdem haben Sie das Gefühl, dass immer viel zu viel zu tun ist, was Sie zudem noch überfordern kann. Sie werden also voller ungeschliffener Emotionen sein. Das heißt also, wenn dieses Chakra nicht im Gleichgewicht ist, ist es Ihr emotionaler Zustand auch nicht.

Bei einer Blockade dieses Chakras haben Sie überhaupt kein Selbstvertrauen. Es wird Ihnen schwer fallen Ihre persönlichen Wünsche zu verstehen oder sie auszudrücken. Dadurch könnten Sie sich in Ihrem Leben gewissermaßen selbst unterdrücken. Außerdem kann eine Blockade sogar zu körperlicher Erschöpfung führen, Sie werden sich oft für etwas schämen und möglicherweise Verdauungsprobleme haben. Allergien können verstärkt auftreten und Diabetes kann sich verschlimmern. Bluthochdruck und Erschöpfung sind ebenfalls häufige Symptome, wenn dieses Chakra blockiert ist.

Das vierte Chakra:

Das vierte Chakra wird von der Farbe Grün und dem Element Luft repräsentiert und befindet sich in der Mitte Ihrer Brust. Manchmal wird es auch von der Farbe Rosa repräsentiert. Sein Symbol sind zwei sich überschneidende Dreiecke, wobei eines nach oben und eines nach unten zeigt. Dieses Chakra ist für Ihre Offenherzigkeit, Liebe und Mitgefühl zuständig. Es beherbergt Ihr Verlangen nach Selbstakzeptanz und ist für Ihre innere Harmonie sehr wichtig, genauso wie für Ihr emotionales Gleichgewicht. Es beeinflusst Leber,

Lungen, Herz, Thymus, Blutkreislauf und Ihren Tastsinn. Sein Edelstein ist der Rubin und sein Planet die Venus.

Wenn zu viel Energie durch dieses Chakra strömt, fühlen Sie unpassende Emotionen zu unpassenden Zeiten. Es wird ganz so sein, als ob Sie gar keine emotionalen Hemmschwellen und keine Kontrolle mehr hätten. Falls allerdings, auf der anderen Seite, zu wenig Energie in diesem Chakra vorhanden ist, werden Sie rücksichtslos, Schwierigkeiten mit Ihren Gefühlen haben und von anderen Menschen oft als herzlos gesehen. Das Chakra beeinflusst Ihr spirituelles Wachstum, sowie Ihren Sinn für Liebe und Verbundenheit.

Ist dieses Chakra blockiert fühlen Sie sich wahrscheinlich einsam, es wird Ihnen an Mitgefühl fehlen, Sie werden eher ungesund sein und sich in ungesunden Beziehungen befinden. Sie werden sehr oft Probleme mit dem Herz oder mit Ihren Lungen haben. Das häufigste Leiden, das sich bei einer Blockade dieses Chakras ausprägt bzw. wieder verstärkt, ist Asthma.

Das fünfte Chakra:

Das fünfte Chakra wird von der Farbe Blau, dem Saphir und dem Planeten Saturn repräsentiert und befindet sich an Ihrem Hals. Normalerweise handelt es sich bei dem Blau um ein helles Blau. Sein Symbol ist dabei ein Kreis, der in einem nach unten gerichteten Dreieck enthalten ist. Dieses Chakra beeinflusst Ihren Gehörsinn und ist für Ihre Kreativität und Intuition verantwortlich. Außerdem beeinflusst es Ihren Selbstausdruck und Ihr Bedürfnis die Wahrheit zu suchen und zu hören. Was körperliche Bereiche angeht sind Ihre Schilddrüsen, Ihr Verdauungstrakt, Ihre Arme und die oberen Lungen betroffen.

Wenn sich in diesem Chakra zu viel überschüssige Energie befindet, können Sie als voreingenommen gesehen werden. Außerdem ist es viel wahrscheinlicher, dass Sie in der Art auf die Sie sprechen verletzend und kontrollierend wirken. Sie werden auch eigensinniger werden, was oftmals auch mit einer gewissen Arroganz gepaart ist. Allerdings ist es auch nicht sonderlich gut, wenn zu wenig Energie durch dieses Chakra fließt. Das kann nämlich Ihren Glauben stören, Sie werden nicht mehr die gewohnte Kreativität aufweisen und vor allem Kinder werden sehr still werden, da Ihnen die Fähigkeit fehlen wird sich auszudrücken.

Lassen Sie eine Blockade dieses Chakras nicht zu, denn sonst werden Sie gravierende Schwierigkeiten haben das zu kommunizieren, was Sie denken und die Wahrheit oder Ihre Kreativität richtig auszudrücken. Sie werden sich oft so fühlen, als ob Sie nur sehr wenigen oder gar keinen inneren Wert besäßen und vielleicht sogar damit anfangen andere Menschen zu manipulieren (selbst unbewusst), was Ihre Beziehungen kaputt machen kann. Körperlich gesehen können Probleme mit den Schilddrüsen, sowie Schulter- und Nackenschmerzen auftreten.

Das sechste Chakra:

Dieses Chakra ist auch als das dritte Auge bekannt und befindet sich dementsprechend auf Ihrer Stirn. Seine Farbe ist Indigoblau, sein Symbol ein nach unten zeigendes Dreieck innerhalb eines Kreises, sein Edelstein der Diamant und sein Planet die Sonne. Es repräsentiert Ihre Intuition und Ihre Wahrnehmung und steht in Verbindung mit Ihrem sechsten Sinn. Wenn Sie Ihr drittes Auge öffnen möchten, müssen Sie also gleichzeitig Ihr sechstes Chakra öffnen. Es beeinflusst die tieferen Schichten Ihres Gehirns, Ihr Rückgrat und Ihre Hirnanhangdrüse, sowie Nase, Ohren und Ihr linkes Auge. Dieses Chakra ist also ganz wörtlich gesehen für Ihren sechsten Sinn verantwortlich.

Lassen Sie nicht zu viel Energie durch dieses Chakra fließen. Das kann Kopfschmerzen auslösen und dazu führen, dass Sie sich allzu analytisch verhalten werden. Sie werden sich von Ihren Mitmenschen sehr distanziert fühlen. Ein Energiedefizit ist allerdings auch nicht gerade förderlich. Ihr Geist wird sehr benebelt sein und Sie werden sehr oft verblendet werden.

Dieses Chakra kann sehr leicht blockiert werden – bei den meisten Menschen ist es das bereits. Ihnen wird es an Intuition und Vorstellungskraft fehlen, allerdings können auch Probleme mit Ihrem Sehsinn und Ihrer Logik auftreten. Kopfschmerzen sind eines der häufigsten Probleme, was regelmäßige Migräneanfälle miteinschließt. Allerdings sind auch Probleme beim Sehen oder häufige Albträume nicht selten.

Das siebte Chakra:

Das siebte Chakra wird häufig auch als das Kronen-Chakra bezeichnet. Es befindet sich ganz oben, an der Spitze Ihres Kopfes. Die meisten Menschen sehen es entweder als helles Violett oder als reines Weiß. Es manifestiert sich als eine Art Licht und hilft Ihnen dabei sich mit einer höheren Macht in Verbindung zu setzen (egal, an welche Sie glauben) und sich deren Eingliederung in die lebende Welt bewusst zu machen. Auch wird Ihnen dieses Chakra dabei helfen, Teil eines größeren Ganzen zu werden. Es zeigt Ihnen Bedeutung, Inspiration, Hingabe und Reinheit und lässt Sie in der Gegenwart leben. So bleiben Sie nicht in der Vergangenheit stecken und machen sich keine Sorgen über die Zukunft.

Bei zu viel Energie in diesem Chakra werden Sie extrem egoistisch werden, selbst wenn Sie das eigentlich gar nicht wollen. Gruppenanführer weisen oft einen überhöhten Energiefluss in ihrem siebten Chakra auf, was leider dazu führen kann, dass sie die Gruppe in eine falsche oder schlechte Richtung führen. Wenn Sie jedoch zu wenig Energie in diesem Chakra haben, dann fühlen Sie sich inspirations- oder motivationslos – letzteres insbesondere hinsichtlich Ihrer täglichen Aufgaben.

Eine Blockade dieses Chakras kann geistige Krankheiten zur Folge haben, wie bipolare Störungen oder manische Depressionen. Sie können oft in die Gewohnheit verfallen, alles als bedeutungslos zu erachten. Das ist sogar ein sehr häufiges Problem bei Leuten, die anscheinend nicht dazu in der Lage sind Ihr Kronen-Chakra freizumachen. Auch könnte es Ihnen oft an „gesundem Menschenverstand" fehlen bzw. könnten Sie sich so fühlen, als ob Ihre Sinne vollkommen durcheinander sind.

Ein Ausgleich schafft Abhilfe:

Ein Gleichgewicht in den Chakren und Meditation werden helfen, allerdings dürfen Sie nicht damit rechnen all Ihre Chakren davon abzuhalten blockiert zu werden. Selbst wenn ein Chakra nicht blockiert ist können Sie Defizite im Energiefluss haben, ganz einfach weil es gerade dabei ist sich zu blockieren. Das Ziel eines Ausgleichs der Chakras und der Chakra-Meditation ist diese Blockaden zu verhindern. Der erste Schritt ist also Ihre Symptome zu erkennen, wenn sich Ihre Chakras blockieren oder ein Energiedefizit aufweisen. Wenn Sie das getan haben, können Sie schließlich fortfahren und dem entgegenwirken.

KAPITEL 3

Zusätzliche Vorteile eines Ausgleichs & von Meditation

Wenn Sie Ihre Chakren ausgleichen und Chakra-Meditation betreiben, können Sie Depressionen bekämpfen und einen gesunden mentalen und körperlichen Zustand aufrechterhalten. Das Ganze greift jedoch noch etwas tiefer. Ein Ausgleich der Chakren und Chakra-Meditation stellen eine Form der Tiefenheilung dar und sie können dabei bis hin zu einem spirituellen Niveau reichen.

Mehr Positivität:

Wenn Ihre Chakren ausgeglichen sind, werden Sie ein positiverer Mensch. Das hat den Grund, dass Sie sich körperlich besser und emotional stabiler fühlen, was schließlich dazu führt, dass Sie auch mental stabiler sein werden. Ihre Gedankengänge sind klarer, und Sie können Ihr eigenes Verhalten sowie das Verhalten anderer ein wenig besser verstehen. Sie werden mehr Empathie an den Tag legen können, und die gute Seite einer Sache lässt sich leichter erkennen – zumindest können Sie rational erkennen, dass die Dinge nicht immer so schlecht bleiben müssen, sollte eine Situation einmal schlecht verlaufen

Besserer Schlaf:

Schlaf beeinflusst sowohl Ihren Körper als auch Ihren mentalen Zustand beträchtlich. Wenn es Ihnen an gesundem Schlaf fehlt, ist es viel Wahrscheinlicher, dass Sie einer Depression oder anderen mentalen Krankheiten zum Opfer fallen. Stress kann sich verschlimmern, was beispielsweise zu Akne und anderen Gesundheitsproblemen führen kann, wie Magengeschwüren. Ihre Gedankengänge werden sehr benebelt sein, sodass Sie möglicherweise schlechte Entscheidungen treffen und Sie anschließend in einer Abwärtsspirale mit schlechten Ereignissen oder emotionalem Aufruhr gefangen sind. Auch Ihr Immunsystem könnte geschwächt werden – wenn Ihre Chakren allerdings im Gleichgewicht sind bzw. Sie sich in Chakra-Meditation üben, dann erhalten Sie höchstwahrscheinlich besseren Schlaf. Das liegt daran, dass Ihr emotionaler Zustand dann nicht beeinträchtigt ist und Ihr Stress gelindert wird.

Stresslinderung:

Oben haben Sie schon ein paar Beispiele gelesen, wie eine Stresslinderung zu einer positiveren Denkweise und einem besseren Schlafzyklus beitragen kann. Eine effektive Stresslinderung hilft allerdings ebenfalls bei mentalen Krankheiten und Angstzuständen. Stress lässt sich zwar auch auf andere Art und Weise behandeln; insgesamt wird Ihr Stressniveau jedoch auch niedriger sein, wenn Sie regelmäßig daran arbeiten Ihre Chakren auszugleichen und sich in Meditation üben. Stress kann Hautausschläge auslösen, was Akne miteinschließt, und Sie können sich mental oder emotional blockiert fühlen, was schließlich beeinflusst wie und ob Sie Ihre Ziele erreichen.

Mehr Leidenschaft:

Viele Leute können es nicht erkennen, wenn es Ihrem Leben an Leidenschaft fehlt. Sie erkennen diesen Mangel für gewöhnlich nur, wenn es im Schlafzimmer an Leidenschaft fehlt. Die beiden gehen jedoch Hand in Hand: Wenn Sie nicht in allem, was Sie tun, Leidenschaft finden, wird auch Ihr Sexleben und Ihr Leben im Allgemeinen an Qualität verlieren. Es ist also sehr wichtig eine Leidenschaft fürs Leben und für den Alltag zu entwickeln – wobei ein Ausgleich der Chakren und Chakra-Meditation helfen werden. Sie werden sich dadurch geerdeter fühlen, sodass Sie es deutlich mehr zu schätzen wissen werden, was das Leben Ihnen alles zu bieten hat. Das Schlechte wird sich dadurch auch eher in Perspektive rücken lassen, denn Sie werden einen klareren Verstand haben es zu analysieren, wodurch Ihnen die momentan schon in Ihnen steckende Leidenschaft nicht gleich wieder entzogen wird – denn das ist leider bei sehr vielen Menschen der Fall.

Das Erreichen Ihrer Ziele wird leichter:

Das ist einer der besten Vorzüge, der Ihnen durch einen Ausgleich Ihrer Chakren und durch Chakra-Mediation ein besseres Leben ermöglicht. Wenn Sie diese beiden Dinge regelmäßig anwenden, dann werden all die Vorzüge nämlich dazu beitragen, dass Sie Ihre Ziele ein wenig leichter erreichen. Falls Sie beispielsweise besser schlafen, werden Sie bei allem was Sie tun bessere Leistungen abliefern, egal ob im Privatleben oder beruflich. Wenn Sie weniger gestresst sind, pflegen Sie womöglich gesündere Beziehungen, Sie können sich gute Netzwerke aufbauen und besser an einen Zeitplan halten. Sie werden sich nicht so blockiert fühlen und Ihr Selbstbewusstsein wird sich stark verbessern – wodurch selbst Ihr persönlicher Erfolg positiv beeinflusst wird.

KAPITEL 4

Warum Chakren wichtig für die körperliche Gesundheit sind

Chakren sind nicht nur ein mentales oder emotionales Thema. Wenn Sie Ihre Chakren ausgleichen und sich in Chakra-Meditation üben, wird Ihnen das auch körperlich helfen. Jeder Chakra-Punkt befindet sich an einem bestimmten Ort an Ihrem Körper und steht mit bestimmten lebenswichtigen Organen im Verbund, die Ihre Gesundheit natürlich beeinflussen. Sollte Ihr Chakra also nicht im Gleichgewicht sein, ist es viel wahrscheinlicher, dass es diesen bestimmten Körperteilen nicht gut geht und dementsprechend Krankheiten entstehen.

Hautausschläge:

Wenn Sie Ihre Chakren ausgleichen und sich in Chakra-Meditation üben, brauchen Sie sich nicht mehr allzu große Sorgen darüber machen Akne oder andere Hautausschläge zu entwickeln. Bei einem Gleichgewicht in den Chakren wird Ihr Immunsystem nämlich gestärkt. Viele Hautausschläge sind auch von Ihrem Stressniveau abhängig. Ihnen wird auffallen, dass Ihre möglicherweise bereits vorhandenen Ausschläge besser werden und Sie weniger Ausschläge oder Reizungen auf der Haut ausprägen (was unter anderem auch Nesselausschläge miteinschließt).

Hypertonie / Bluthochdruck:

Dieses Leiden wird ebenfalls oft von Ihrem Stressniveau beeinflusst. Genau deshalb sind ein Ausgleich der Chakren und Chakra-Meditation auch so hilfreich dabei, Ihren Blutdruck auf natürliche Weise zu senken. Das kann etwas Zeit erfordern, erwarten Sie also bitte keine sofortigen Ergebnisse. Wenn Ihre Chakren im Gleichgewicht sind, fällt es Ihnen jedoch leichter eine bestimmte Situation unter Kontrolle zu bekommen oder die Dinge so hinzunehmen, wie Sie gerade sind. Das senkt die Wutgefühle, die ebenfalls zu hohem Blutdruck beitragen.

Diabetes regulieren:

Sie können Ihren Diabetes natürlich nicht einfach so umkehren, allerdings können Sie ihn regulieren und Ihre Lebensqualität dadurch stark verbessern. Wenn

Sie noch keinen Diabetes haben, können der Ausgleich der Chakren und die Chakra-Meditation dabei helfen, den Diabetes gar nicht erst ausbrechen zu lassen, also bevor er erst zum tatsächlichen Problem wird. Ihr Blutzucker lässt sich dadurch auch gut regulieren.

Merken Sie sich, dass Diabetes oft durch eine Blockade des Dritten Auge-Chakras ausgelöst wird – das wird Ihr Urteilsvermögen über das, was am besten für Ihren Körper ist, auch beeinflussen. Der Diabetes kann Sie auch so fühlen lassen, als ob Sie Ihr Leben nicht mehr unter Kontrolle hätten – durch die Meditation mit Fokus auf Ihrem sechsten Chakra können Sie diese Kontrolle allerdings wieder ein wenig wiedererlangen. Das spiegelt sich im Anschluss daran ebenfalls in Ihrer körperlichen Gesundheit wider.

Hilfe bei Schlaflosigkeit:

Wenn Sie an Schlaflosigkeit oder an anderen Schlafstörungen leiden, kann es ebenfalls wichtig sein Ihre Chakren auszugleichen bzw. sich in Chakra-Meditation zu üben. Ihr Schlaf wird normalerweise von Ihrem Wurzel-Chakra beeinflusst; konzentrieren Sie sich bei Schlafproblemen während der Meditation also insbesondere auf dieses Chakra. Auch das dritte Chakra kann Ihren Schlaf beeinflussen: es kann Sie so fühlen lassen, als ob Sie gar nicht schlafen würden. Und wenn Ihr viertes Chakra blockiert ist, dann werden Sie trotz maximaler mentaler Erschöpfung nicht schlafen können.

Im Prinzip geht es hier hauptsächlich um Stresslinderung und um eine Erdung Ihres Körpers. Wenn sich Ihr Körper wach fühlt, ohne erschöpft zu sein oder ein eingeschränktes Immunsystem zu haben, dann ist es viel wahrscheinlicher, dass Sie in einen gesunden Schlafzyklus eintreten, der REM-Phasen (die für Ihre Träume verantwortlich sind) miteinschließt. Sollten Sie Probleme mit dem Träumen haben, konzentrieren Sie sich verstärkt auf Ihr Drittes Auge-Chakra. Dieses Chakra ist nämlich für spirituelle und unterbewusste Bereiche verantwortlich.

ADHS:

Ein Ausgleich der Chakren und Chakra-Meditation kann Ihnen sogar bei Ihrer Konzentration helfen – entsprechend also auch bei ADHS. Bei denjenigen, die unter ADHS leiden, ist normalerweise das Dritte-Auge-Chakra nicht im Gleichgewicht oder gänzlich blockiert. Dadurch werden Sie weniger konzentriert sein, denn Ihr Verstand wird sich sehr benebelt anfühlen. Außerdem werden Sie viel weniger gesunden Menschenverstand an den Tag legen. Sie werden sich nicht stabil genug fühlen sich hinzusetzen und dabei irgendetwas in Ruhe zu tun, weil Ihre Gedankenvorgänge stark beeinflusst sind.

ADHS kann noch verschlimmert werden, wenn Ihr Kronen-Chakra blockiert bzw. nicht im Gleichgewicht ist. Dieses Chakra beeinflusst Ihre Konzentration nämlich direkt und kann sogar Kopfschmerzen auslösen, die Sie ständig ablenken werden. Zwar können Sie ADHS durch Chakra-Meditation und durch einen Ausgleich der Chakren nicht komplett heilen; allerdings können Sie lernen damit zu leben, während Sie dabei positiv bleiben und dennoch Ihre Ziele erreichen.

Grippe & Schnupfen:

Tatsächlich können Ihnen die Chakren dabei helfen Krankheiten wie virale oder bakterielle Infekte durchzustehen oder gar nicht erst aufkommen zu lassen, da Ihr Immunsystem ja gestärkt wird. Hauptsächlich liegt das am Ausgleich des Wurzel-Chakras, allerdings führt auch der Ausgleich der anderen Chakren zu einem positiven Ergebnis. Üben Sie sich dafür also regelmäßig in Chakra-Meditation. Eine Stresslinderung und eine positive Einstellung werden sich gut auf Ihr Immunsystem auswirken. Es ist erwiesen, dass Stress oder Depressionen schlecht für das Immunsystem sind. Das bedeutet im Umkehrschluss natürlich, dass Sie dann für allerlei Krankheiten in Ihrem Umfeld anfälliger sein werden.

Erschöpfung:

Mentale Erschöpfung kann sehr schnell zu körperlicher Erschöpfung werden. Deshalb ist Ihr drittes Chakra, das Nabel-Chakra, auch so wichtig. Es wird Ihnen ebenfalls dabei helfen körperliche Erschöpfung effektiv anzugehen. Stauen Sie nichts in sich auf, denn das kann wiederum zu Schlafproblemen führen. Natürlich können bereits bestehende Schlafprobleme oder Stress, der Erschöpfung auslöst, beide durch einen Ausgleich der Chakren geheilt bzw. gelindert werden. Viele Probleme, die Erschöpfung verursachen, können angegangen werden – unter anderem durch eine regelmäßige Chakra-Meditation. So lassen Sie der Erschöpfung keine Chance.

Fettleibigkeit:

Auf Fettleibigkeit wirken sich mentale, emotionale und körperliche Probleme aus. Fettleibigkeit kann sich auf übermäßiges Essen bzw. Essstörungen (wie Binge-Eating) aufgrund emotionaler oder mentaler Zustände zurückführen lassen. Diese Zustände lassen sich allerdings individuell durch die verschiedenen Chakren wieder ins Lot bringen – z.B. durch Ihr Kronen-Chakra und Ihr Wurzel-Chakra. Es wird Ihnen aber definitiv auch helfen, wenn Sie all Ihre Chakren ins Gleichgewicht bringen und sich in Chakra-Meditation üben.

So werden nämlich alle Leiden, die zu Fettleibigkeit beitragen (wie Schilddrüsenprobleme, Asthma, Angstzustände oder Depressionen) gelindert. Fettleibigkeit kann auch durch Probleme mit der Selbstachtung oder der Unfähigkeit mit sozialen Strukturen umzugehen ausgelöst werden. Das kann allerdings durch den Umgang mit Ihrem mentalen und emotionalen Zustand wieder ins Lot gebracht werden. Und Chakra-Meditation bzw. ein Ausgleich der Chakren hat darauf wiederum einen direkten Einfluss.

Es besteht ein Zyklus:

Alles kann sich darauf zurückführen lassen wie wir uns hinsichtlich uns selbst fühlen. Das liegt daran, dass unser Geist und unsere Emotionen sich auf unseren Körper auswirken können. Eine mentale oder körperliche Krankheit kann zur nächsten führen – z.B. Stress führt zu schlechtem Schlaf, schlechter Schlaf führt zu Fettleibigkeit, Bluthochdruck oder Rückenschmerzen vom ständigen hin und her wälzen. Wenn Ihre Chakren im Gleichgewicht und nicht blockiert sind, können Sie sich um Ihr gesamtes Selbst kümmern und dadurch diese Probleme mit Ihrem Körper wieder heilen.

Kapitel 5

Wie Sie mit grundlegender Chakra-Meditation anfangen können

Inzwischen wissen Sie bereits um viele der Vorzüge, die eine Chakra-Meditation mit sich bringt. Das wird Ihnen jedoch nicht viel nützen, wenn Sie nicht wissen, wie Sie mit der Chakra-Meditation überhaupt anfangen sollen. Zwar benötigen Sie dafür täglich nur ein paar Minuten, Sie werden allerdings schnellere und bessere Ergebnisse bemerken, wenn Sie mehr Zeit in Ihre Meditationen investieren. Auch ist es sehr hilfreich, die Meditation mit körperlicher Betätigung zu kombinieren. Dafür eignen sich Tai Chi, Yoga oder Pilates sehr gut. Prinzipiell ist aber natürlich jede Art Sport nicht unvorteilhaft.

Mit Chakra-Meditation anfangen:

Chakra-Meditation ist wirklich sehr einfach. Sie können sie für jedes Chakra individuell machen oder für alle Chakren gleichzeitig. Nachfolgend finden Sie die Schritte, wie Sie die Meditation ganzheitlich angehen können. Das können Sie nach etwas Übung weiter verfeinern. Ob und wann Sie eine Chakra-Meditation individuell für ein bestimmtes Chakra ausführen hängt oft davon ab, warum Sie jenes bestimmte Chakra öffnen bzw. freimachen möchten.

Schritt 1:

Wie bei jeder Meditationspraxis müssen Sie sich vorher in ein bequemes Umfeld begeben, bequeme Kleidung tragen und eine bequeme Position einnehmen. Sie dürfen weder zu steif noch zu locker sein – beides ist für eine Chakra-Meditation nicht förderlich. Normalerweise ist es am besten, wenn Ihr Rücken gerade ist, denn so werden Ihre Chakra-Punkte ausgerichtet. Achten Sie darauf, sich in dieser Position nicht zu sehr anzuspannen oder zu steif zu werden. Konzentrieren Sie sich auf jeden einzelnen Teil Ihres Körpers, von den Füßen bis zu Ihrem Kopf. Sobald Sie das tun, sollten Sie schon spüren, wie Ihr Stress langsam dahinschmilzt. Ihr Körper kann sich nämlich sehr gut entspannen, wenn Sie all seine Teile berücksichtigen.

Schritt 2:

Anschließend müssen Sie Ihre Konzentration auf Ihre Atmung legen, erzwingen Sie sie allerdings nicht. Ihre

Atmung wird ganz natürlich sehr tief und gleichmäßig werden und Ihr Geist wird langsam abdriften. Das ist ganz natürlich, allerdings müssen Sie dennoch immer wieder Ihre Gedanken einbringen und sicherstellen, dass Ihr Fokus auf jedem Ein- und Ausatmen liegt. Versuchen Sie es sich bildlich vorzustellen, wie die Luft den ganzen Weg in die Lungen strömt und anschließend in Ihren Blutkreislauf eintritt. Stellen Sie sich Ihre Muskeln vor, Ihre Zellen und Organe, und wie Sie den Sauerstoff der Luft aufnehmen. So wird Ihr Körper von Giftstoffen befreit. Stellen Sie sich also vor, dass Sie bei jedem Ausatmen genau diese Giftstoffe loswerden.

Schritt 3:

Richten Sie Ihre Konzentration nun auf Ihr schlagendes Herz. Stellen Sie sich Ihr Herz vor, wie es schlägt, und visualisieren Sie, wie es dazu bestimmt ist, Ihren Körper in perfekte Harmonie zu versetzen. Sie sollten all Ihre einzelnen Teile sein, die nun zusammenkommen und in perfekter Harmonie existieren. Stellen Sie sich vor, wie Ihre Atmung das aufrechterhält, wie sie Ihr Herz weiterschlagen und Ihren ganzen Körper weiterleben lässt. Ab jetzt können Sie sich Ihren ganzen Körper als lebenden Organismus vorstellen, dem Sie Kraft geben.

Schritt 4:

Jetzt müssen Sie sich vorstellen, wie eine lebensspendende Energie mit jedem Atemzug in Ihren Körper eindringt. Stellen Sie sich vor, wie die Luft mit dieser Energie durchströmt ist. Die Energie hat dabei eine gelblich-orange Farbe. Visualisieren Sie, wie sie durch Ihren Körper strömt und Ihre Aura, bzw. Seele oder Lebenskraft durchtränkt. Ihre Aura stärkt sich dadurch und wird sogar heller. Stellen Sie sich das als allmählichen Prozess vor, lassen Sie es nicht von jetzt auf gleich geschehen. Jeder Atemzug sollte Ihre Aura heller und stärker machen.

Schritt 5:

Danach müssen Sie sich auf Ihre eigenen, individuellen Chakren konzentrieren, sodass Sie sie mit Energie versorgen können. Fangen Sie nicht mit dem Kronen-Chakra an, das Wurzel-Chakra im unteren Rücken kommt immer als Erstes dran. Stellen Sie sich das Chakra als Energieball vor, der im Uhrzeigersinn herumwirbelt. Wenn Sie einatmen, dann sollte der Wirbel stärker und heller werden. Auch sollten Sie sich vorstellen, wie Ihr Körper von Energie, die aus der Erde strömt, versorgt wird. Dabei handelt es sich um die gleiche Lebensenergie wie gerade eben, die der Energie des Chakras hinzugefügt werden muss.

Schritt 6:

Gehen Sie Schritt 5 mit Ihren restlichen Chakren der Reihe nach durch, von einem zum anderen. Sie müssen sich dabei Zeit lassen und machen Sie sich auch keine Sorgen, wenn dieser Vorgang bei manch einem Chakra etwas länger dauert. Sollte das der Fall sein bedeutet das schlichtweg, dass Sie an diesem Chakra etwas mehr arbeiten müssen. Hetzen Sie sich also niemals ab. Sich in diesem Schritt von unten nach oben vorzuarbeiten ist immer am besten – tatsächlich könnten Sie mehr Schaden als Nutzen erhalten, wenn Sie eine andere Reihenfolge wählen oder wahllos zwischen den Chakren hin und herspringen. Jedes Chakra greift ins nachfolgende über, und um wahres Gleichgewicht zu erhalten, müssen Sie sich gleichermaßen an diese Ordnung halten.

Schritt 7:

Visualisieren Sie nun all Ihre Chakren gemeinsam und stellen Sie sicher, dass jeder Atemzug Luft und Energie aus der Welt und aus der Erde in Ihre Chakren strömen lässt. Denken Sie daran, dass sich Ihre Aura erhellen und klarer werden muss und Sie sich auch das bildlich vorstellen müssen.

Schritt 8:

Entspannen Sie sich und öffnen Sie die Augen. Nehmen Sie sich jetzt ein paar Minuten Zeit und schätzen Sie kritisch ab, wie Sie sich mental und körperlich fühlen. Achten Sie ebenfalls auf Ihre Emotionen. Das sollte bis zu dreißig Minuten dauern, kann aber auch in fünfzehn Minuten absolviert werden.

Die Meditation personalisieren

Wenn Sie sich auf nur ein einzelnes Chakra konzentrieren möchten, dann können Sie entweder den eben beschriebenen Prozess als Ganzes durchführen und sich länger auf das bestimmte Chakra konzentrieren, oder Ihren Fokus ausschließlich auf das gewünschte Chakra legen. Tun Sie das am besten, wenn Sie die Meditation zusammen mit dem Chakra-Ausgleich ausführen. So werden Sie die besten Ergebnisse erzielen. Das ist jedoch nicht unbedingt notwendig. Sie können Ihre Chakren durch Meditation wieder freimachen, greifen Sie dabei aber auf beide Methoden zurück: die individuelle Chakra-Meditation und die ganzheitliche Chakra-Mediation (wie oben beschrieben). Diese Meditation wird in Ihrem Inneren eine Ganzheit schaffen und zwar körperlich, mental und emotional – was wiederum zu Ihrer Gesundheit und Ihrem allgemeinen Erfolg in Beruf und Privatleben beitragen wird.

Kapitel 6

Verschiedene Wege Ihre Chakren auszugleichen

Die Chakren ins Gleichgewicht zu bringen ist wichtig für Ihre Gesundheit und kann genauso entscheidend sein wie die Chakra-Meditation. Ganz egal, wann Sie sich dazu entscheiden Ihre Chakren auszugleichen, wenn Sie es regelmäßig machen, wird es Ihnen sehr dabei helfen gesund zu bleiben. Achten Sie allerdings immer auf die Warnsignale, die mit einem Ungleichgewicht in den jeweiligen Chakren einhergehen. So wird Ihnen der Ausgleich ein wenig leichter fallen.

Es gibt ein paar verschiedene Techniken, die sicherstellen, dass Sie Ihre Chakren richtig ausgleichen. Sie können es versuchen all Ihre Chakren gleichzeitig oder nur ein einzelnes ins Gleichgewicht zu setzen – wenn

Sie wissen welches. Falls Sie das nicht wissen, dann konzentrieren Sie sich besser darauf all Ihre Chakren ins Gleichgewicht zu bringen, sodass Sie Ihre beste Gesundheit erreichen und erhalten.

Affirmation

Eine der leichtesten Methoden Ihre Chakren ins Gleichgewicht zu bringen sind Affirmationen. Es muss jedoch dazu gesagt werden, dass Affirmationen nicht mehr funktionieren, wenn Ihre Chakren bereits zu sehr im Ungleichgewicht sind. Allerdings helfen sie dabei die Chakren insgesamt im Gleichgewicht zu halten, wenn Sie sich regelmäßig darin üben – was Sie jeden Tag für jedes einzelne Chakra tun sollten. Leider werden Sie keine Affirmation für alle Chakren auf einmal finden. Nachstehend finden Sie die Affirmationen, die Sie für sich selbst für jedes einzelne Chakra laut wiederholen müssen. Normalerweise ist es am besten, wenn Sie das vor einem Spiegel tun und zwar mindestens zweimal täglich. Es wäre beispielsweise zu empfehlen, die Affirmationen einmal kurz nach dem Aufstehen und ein anderes Mal kurz vor dem Schlafengehen zu wiederholen.

Das Wurzel-Chakra:

Das grundlegendste Mantra für Ihr Wurzel-Chakra ist „Ich bin“. Das können Sie auch gleich so als Affirmation hernehmen, allerdings reicht das für die meisten Menschen so nicht ganz aus. Oft müssen Sie sich selbst zudem bestätigen, dass Sie körperlich und mental schön sind. „Ich bin schön", und „Ich bin für meinen Körper verantwortlich", und „Ich bin zufrieden damit, ich zu sein" sind die besten Affirmationen, um dieses Chakra ins Gleichgewicht zu bringen.

Das Sakral-Chakra:

Ihr zweites Chakra, auch als Sakral-Chakra bekannt, wird oft durch Ihre Fähigkeit etwas zu fühlen bekräftigt. Die Mantras für dieses Chakra lauten „Ich und meine Gefühle sind gesund", „Ich erlebe und erfahre diese Welt auf gesunde Art und Weise und ohne Angst und „Ich werde von einer höheren Macht geleitet".

Das Solar Plexus-Chakra:

Für Ihr drittes Chakra gibt es ebenfalls einige geläufige Affirmationen, die Sie für dessen Bekräftigung verwenden können. Versuchen Sie es doch mit „Ich akzeptiere eine göttliche Energie um mich herum", „Ich akzeptiere meine Verantwortung in meinem Leben", „Ich kann ausgeglichen und unterstützend sein", „Ich werde Spiritualität kultivieren und kreativ bleiben" und „Ich werde geführt und akzeptiere eine höhere Macht".

Das Herz-Chakra:

Das Mantra für Ihr viertes Chakra ist, dass Sie lieben. Geläufige Affirmationen dafür sind „Ich werde geliebt", „Ich handle bei allem, was ich tue aus Liebe", „Mein Herz ist voller Liebe" und „Ich verspüre keinen Ärger in mir".

Das Hals-Chakra:

Ihr fünftes Chakra hat das Mantra, dass Sie sprechen. Einige geläufige Affirmationen sind „Es gibt keine Stimmen, die mich in meinem Leben beeinflussen, außer eine höhere Macht“, „Mein Geist ist klar, dass ich deren Nachricht erhalten kann“ und „Es beeinflussen mich keine Stimmen außer die, von denen ich das will“.

Das Dritte Auge-Chakra:

Das sechste Chakra folgt dem Mantra, dass Sie sehen. Greifen Sie dabei auf folgende Affirmationen zurück: „Ich glaube an meine eigene Intuition“, „Ich bin offen für das Göttliche“ und „Ich bin offen dafür, Führung von einer höheren Macht zu erhalten“.

Das Kronen-Chakra:

Beim Kronen-Chakra können Sie eine ganze Reihe Mantras annehmen. Das einfachste ist, wenn Sie ständig „Ich weiß“, oder „Ich verstehe“ wiederholen. Die zugehörigen Affirmationen lauten „Ich bin offen für Verständnis“, „Ich bin offen für die Erleuchtung“ und „Ich kann und werde klar nachdenken, bevor ich handle“.

Erdungs-Meditation

Das ist eigentlich eine sehr einfache Methode Ihre Chakren auszugleichen und ähnelt sehr der Chakra-Meditation. Anstatt sich aber auf sich selbst als Ganzes zu konzentrieren, einschließlich Ihrer Chakra-Punkte, konzentrieren Sie sich nur auf Ihre Aura bzw. Lebenskraft. Sie konzentrieren sich dabei nicht auf Ihre Chakren. Außerdem muss die Erdungs-Meditation in der freien Natur durchgeführt werden. Setzen Sie sich also in einem natürlichen Umfeld, wie einem Park oder bei einem kleinen Fluss, in die gleiche Position wie bei der Chakra-Meditation. Beginnen Sie mit den Atemübungen und stellen Sie sich vor, wie Ihre Aura mit jedem Atemzug wächst und Giftstoffe Ihren Körper verlassen, einschließlich sämtlicher negativer Energie.

Yoga

Yoga ist eine Praktik, die größtenteils sicherstellen soll, dass Sie entspannt sind, aber (wie bereits erwähnt) passt Yoga auch gut zu jedweder Art der Chakra-Ausgleichsmeditation. Am besten funktioniert es beim Ausgleich des Wurzel-Chakras, kann aber auch bei den anderen Chakren angewendet werden. Jede Stellung hilft dabei Ihre Chakren auszurichten und Ihren Körper und Ihr Bewusstsein zu strecken. So werden Sie sich Ihrer selbst auf mentale und körperliche Weise mehr bewusst. Das hilft somit ganz natürlich dabei Ihre Chakren ins Gleichgewicht zu bringen und zu öffnen.

Kristalle verwenden

Es wurde bereits erwähnt, dass jedes Chakra mit einem Kristall bzw. einem Stein in Verbindung steht. Diese

Kristalle können Sie also auch verwenden, um Ihre Chakren eins nach dem anderen auszugleichen. Hauptsächlich wird das so gemacht, dass mit einem oder mehreren dieser Steine meditiert wird, je nachdem welche Chakren Sie ins Gleichgewicht bringen können. Statt sich also auf die Energie zu konzentrieren, die Ihren Körper verlässt bzw. in ihn eintritt, konzentrieren Sie sich darauf wie sich der Stein oder Kristall mit Ihrem Körper verbindet und auf die Energie, die dieser Stein ausstrahlt bzw. die durch ihn hindurchfließt. Auch so können Sie all Ihre Chakren nach und nach ausgleichen.

Diese Techniken kombinieren

Sie brauchen sich keine Sorgen zu machen Ihre Chakren zu sehr auszugleichen, das geht nämlich gar nicht. Wenn Ihr Chakra bereits im Gleichgewicht ist und Sie versuchen es weiterhin auszugleichen, dann werden Sie es nur weiter stärken. Sie können Ihrem Chakra dadurch also nicht schaden. Fall Sie sich dennoch Sorgen machen sollten, dann bleiben Sie am besten bei der Kristall- bzw. Stein-Meditation zum Ausgleich Ihrer Chakren. Sie können diese Steine auch alle gleichzeitig verwenden, indem Sie sich hinlegen und die Steine auf ihre zugehörigen Punkte auf dem Körper setzen. Sie können allerdings auch verschiedene Ausgleichstechniken kombinieren, um sicherzustellen, dass Sie auch die Ergebnisse erzielen, die Sie erzielen wollen.

Jede dieser Ausgleichstechniken wird funktionieren – manche jedoch besser als andere für bestimmte Leute, da jedermann anders auf eine bestimmte Art des Chakra-Ausgleichs reagiert. Auswirkungen Ihres Chakra-Ausgleichs sollten Sie im Prinzip fast sofort spüren. Viele Menschen fühlen sich so, als ob ihnen danach eine große Last abgenommen wurde, sie fühlen sich weniger erschöpft, weniger gestresst oder gar schläfrig – insbesondere dann, wenn sie aufgrund eines fehlenden Gleichgewichts in den Chakren und einem Mangel an allgemeiner Energie vorher nicht gut schlafen konnten.

KAPITEL 7

Wie es Sie bei mentaler & emotionaler Gesundheit hält

Merken Sie sich, dass ein Chakra-Ausgleich und Chakra Meditation nicht nur körperlich ist, sondern auch mentale und emotionale Auswirkungen hat. Vergessen Sie also nicht die Vorteile auf Ihren emotionalen Zustand, die diese Methoden des Ausgleichs und der Meditation mit sich bringen. Dadurch werden Sie sich selbst gegenüber und gegenüber Ihrer momentanen Situation besser fühlen und Ihr Immunsystem sowie Ihren Körper als Ganzes positiv beeinflussen.

Hilft bei Trauer:

Vielen Leuten ist es nicht ganz klar, wie viel es ihnen beim Umgang mit Trauer helfen kann, wenn ihre Chakren im Gleichgewicht sind. Dabei kann es sich um

Trauer aufgrund einer schlimmen Situation oder des Todes eines geliebten Menschen handeln. Es gibt viele Methoden, wie Ihnen Ihre Chakren dabei helfen können diese Trauer zu verarbeiten – Ihre Verbindung zu einer höheren Macht bzw. Ihr Sinn der Verbundenheit sind die beiden Hauptmöglichkeiten. Dadurch werden Sie tatsächlich verarbeiten, dass alles im Leben aus einem bestimmten Grund passiert, anstatt es nur zu sagen oder zu hören.

Auch hilft Ihnen die Chakra-Meditation bzw. der Ausgleich der Chakren dabei angestaute Emotionen oder Stress freizulassen. Wenn Sie viel Trauer erfahren, dann benötigen Sie wahrscheinlich etwas mehr Chakra-Meditation, insbesondere für Ihr Drittes Auge-Chakra und Ihr Kronen-Chakra. Konzentrieren Sie sich zudem auch noch auf Ihr Herz-Chakra. Sollten Sie mit dieser Trauer umgehen müssen, haben Sie dadurch den zusätzlichen Vorteil, dass Sie sie sich rational betrachten und Ihre Emotionen auf gesunde Art und Weise ausdrücken können – solange Ihre Chakren sich nicht in einem Ungleichgewicht befinden oder blockiert sind, versteht sich. Das ist also ein großer Schritt beim Umgang mit Ihrem Trauervorgang.

Handhabung von Wut:

Wut kann zu hohem Blutdruck und Herzproblemen führen. Es ist also sehr wichtig, dass Sie lernen Ihre Wut in den Griff zu bekommen – auch für Ihre geistige Gesundheit. Durch Wut stauen Sie viele Dinge auf. Das kann zu Problemen in persönlichen und beruflichen Beziehungen führen, und Sie könnten sogar mit gesetzlichen oder amtlichen Personen in Konflikt geraten. Normalerweise ist ein Gleichgewicht im Herz-Chakra sehr wichtig, um sicherzustellen, dass es keine Ihrer anderen Emotionen beeinflusst – um jedoch Ihre Wut zu handhaben, müssen in der Regel all Ihre Chakren im Gleichgewicht sein. Dafür müssen Sie also regelmäßig meditieren. Zudem wird empfohlen, Yoga für einen zusätzlichen Ausgleich heranzuziehen, sodass die Wut kein Thema mehr wird.

Depressive Störungen:

Der Hauptgrund für einen depressiven Zustand ist, dass man sich normalerweise so fühlt als ob meine keine Kontrolle in seinem Leben hätte, mit zu viel Stress umgehen müsse, gestörten Schlaf hätte oder seine Emotionen nicht auf gesunde Art und Weise verarbeiten bzw. positiv sehen könne. All das steht mit einem gewissen Chakra-Punkt in Verbindung und kann leicht behoben werden: betreiben Sie regelmäßig Chakra-Meditation. Zwar wird Ihnen keine sofortige Wirkung auffallen, diese ist direkt im Anschluss an die Meditation eher gemäßigt; aber auf lange Sicht werden Sie gute Ergebnisse erzielen. Manche Menschen werden innerhalb von nur ein bis zwei Wochen bereits eine große Veränderung spüren. Merken Sie sich einfach, dass eine Depression zwar etwas ist, das Sie jederzeit heilen können, es jedoch (wie jede Heilung) immer etwas Zeit erfordert.

Einigen Menschen wird auffallen, dass die Erschöpfung von mentalem Stress fast sofort aufgehoben wird und ihr Energieniveau deshalb wieder ansteigt. Sport ist eine weitere gesunde Möglichkeit Ihre Depressionen wieder loszuwerden; und wenn Ihre Chakras im Gleichgewicht sind haben Sie dabei ein höheres Energieniveau, wodurch Sport zu einer viel greifbareren Lösungsmöglichkeit wird.

Gesunde Beziehungen:

Eine gesunde Beziehung wird Ihre Lebensqualität steigern. Leider ist diese Tatsache den meisten Menschen gar nicht so richtig bewusst. Eine gesunde Beziehung muss dabei nicht einmal unbedingt eine mit dem anderen Geschlecht sein. Sie kann sich auf die Beziehung zwischen Geschwistern, Eltern, oder einfach nur Freunden beziehen. Sie müssen gesunde Verbindungen mit den Menschen um Sie herum aufbauen, wenn es Ihnen nach einer besseren Lebensqualität verlangt. Andernfalls wird negative Energie damit anfangen Ihre Chakren zu blockieren.

Um den Leuten um Sie herum zu vertrauen und sich in deren Gegenwart stabil zu fühlen, müssen Sie Ihr Wurzel-Chakra ins Gleichgewicht bringen. Sollte es das nicht sein, misstrauen Sie allen möglichen Menschen, auch den vertrauenswürdigen – so werden Sie Ihren Beziehungen dauerhaft schaden. Wenn Sie mit sexuellen Beziehungen zu tun haben, muss Ihr Sakral-Chakra im Gleichgewicht sein und regelmäßig in Ihre Meditationen miteinbezogen werden. So bleiben Sie sexuell, mental und körperlich gesund. Auch wird es Ihnen dann leichter fallen neue Situationen in Ihren Beziehungen zu akzeptieren, ohne zu steif oder unflexibel für diese Veränderungen zu sein.

Ist Ihr Solar Plexus-Chakra gesund, sind Ihr Selbstvertrauen und Ihre Gefühle stabil und Sie werden die Menschen, mit denen Sie eine Beziehung haben, nicht verbal angreifen. Ihr Herz-Chakra muss ebenfalls klar sein, sodass Sie die richtigen Emotionen in Ihren Beziehungen spüren und in erster Linie überhaupt erkennen können, dass Sie geliebt werden. Wenn Ihr Hals-Chakra nicht im Gleichgewicht ist oder in Ihre Meditationen miteinbezogen wird, können Sie mit den geliebten Menschen in Ihrem Leben nicht richtig kommunizieren. Fehlende Kommunikation oder eine falsche Kommunikation der Wahrheit kann zu Problemen in Ihren Beziehungen führen. Auch Ihr Drittes Auge-Chakra muss im Gleichgewicht sein. So können Sie über Streitigkeiten hinwegkommen und sich auf das größere Ganze konzentrieren. Schließlich benötigen Sie noch Ihr Kronen-Chakra, um klar denken zu können – insbesondere dann, wenn Sie wütend sind. Auf diese Weise reißen Sie hinter sich keine Brücken zu den Personen in Ihren Beziehungen ab.

Stabilisiert bipolare Störung:

Eine bipolare Störung betrifft sowohl Ihren mentalen als auch Ihren emotionalen Zustand. Dabei handelt es sich um ein Leiden, mit dem es sehr schwer sein kann umzugehen, wenn Sie versuchen in alltäglichen Situationen zurechtzukommen. Aber auch hier können Ihnen Ihre Chakren wieder einmal helfen. Bei bipolaren Störungen ist Ihr Kronen-Chakra sehr wichtig. Ihre Emotionen können nämlich sehr leicht Ihr Urteilsvermögen trüben und dadurch Ihre bipolare Störung noch verschlimmern. Wenn Ihr Kronen-Chakra jedoch im Gleichgewicht ist, wird das zu einem viel geringeren Problem. Auch Ihr Drittes Auge-Chakra kann Ihnen bei diesem Zustand helfen. Sie werden das größere Ganze erkennen können, auf Ihr Bauchgefühl hören und über die manischen Emotionen hinwegkommen, die Sie im mer wieder erleben.

Ihr Herz-Chakra kann sich ebenfalls negativ auf Ihre bipolare Störung auswirken, sollte darin ein Energieüberfluss oder -defizit vorherrschen. Ein Gleichgewicht ist also auch dort sehr wichtig. Ohne das Selbstvertrauen, das Ihr Solar Plexus-Chakra bereitstellt, können Sie Ihre bipolare Störung nicht kontrollieren, denn es wird Ihnen an der dafür nötigen Willenskraft fehlen. Letztlich benötigen Sie noch Ihr Wurzel-Chakra für die Stabilität, die die Grundlage zur Behandlung dieser Störung darstellt.

Machen Sie einen Präventivschlag:

Einen Präventivschlag können Sie in der Hinsicht machen, dass Sie einen Ausgleich Ihrer Chakren bzw. Chakra-Meditation regelmäßig durchführen. So werden Ihre Chakren stets in perfekter Harmonie sein. Außerdem halten Sie viele dieser mentalen und emotionalen Probleme auf Abstand bevor Sie überhaupt eintreten können, und es wird Ihnen dabei helfen mit all den anderen Problemen umzugehen, die sich manchmal eben nicht gänzlich vermeiden lassen. Am besten Sie lassen es gar nicht erst so weit kommen, dass Ihre Chakren blockiert werden – dadurch werden Sie schon einige der Vorzüge der Chakra-Meditation und des Chakra-Ausgleichs spüren.

KAPITEL 8

Weitere Meditationstechniken

Es gibt noch viele weitere Meditationstechniken auf die Sie zurückgreifen können. Wenn Sie sich auf ein bestimmtes Chakra konzentrieren, werden Sie sehen, dass die nachfolgenden Techniken noch ein kleines bisschen mehr helfen können. Zwar ist es wichtig die allgemeine Meditationstechnik, die Sie bereits gelernt haben, für all Ihre Chakren anzuwenden; sie ist jedoch nicht die einzige Meditationsart um sicherzustellen, dass Ihre Chakren geöffnet und gesund bleiben.

Ihr Wurzel-Chakra:

Um Ihr Wurzel-Chakra auszugleichen benötigen Sie etwas, das Ihr Wurzel-Chakra repräsentiert. Dabei muss es sich nicht unbedingt um den dazugehörigen Kristall handeln. Laufen Sie am besten barfuß herum, tragen Sie also vor, während und nach der Meditation keine

Schuhe. So können Sie sich besser mit der von der Erde bereitgestellten Energie verbinden. Fangen Sie mit der Mediation so an, wie bei der normalen Chakra-Meditation auch, lassen Sie dabei aber etwas Myrrhe verbrennen, die dafür bekannt ist das Wurzel-Chakra öffnen zu können.

Konzentrieren Sie sich darauf die Myrrhe einzuatmen, während Sie einen rauchigen Quarz oder Blutstein in den Händen halten. Fokussieren Sie sich auf die Sie umgebende Energie, wie diese von der brennenden Myrrhe gereinigt wird und anschließend durch den Stein, den Sie halten, in Ihren Körper eintritt. Jedes Mal wenn Sie ausatmen konzentrieren Sie sich darauf, wie alles Negative Ihren Körper verlässt, außerhalb Ihres Körpers von der Myrrhe gereinigt wird und schließlich wieder durch den Stein gefiltert in Ihren Körper eintritt. Das allein sollte zwischen fünfzehn und zwanzig Minuten dauern. Wenn Sie sich voll genug mit Energie fühlen, öffnen Sie einfach Ihre Augen und machen Sie barfuß einen kleinen Spaziergang.

Ihr Sakral-Chakra:

Ihr sakraler Chakra-Punkt wird durch Wasser repräsentiert, also wäre es am besten diese Meditation entsprechend im Wasser durchzuführen. Sie können Ihre Füße ins Wasser stellen, in einem Pool sein oder in der Badewanne. Tauchen Sie ins Wasser ab, tauchen Sie wieder auf und konzentrieren Sie sich während der Meditation auf Ihre Atmung. Konzentrieren Sie sich auch auf den Fluss des Wassers über Ihren Körper und wie es Sie leicht wie eine Feder macht.

Stellen Sie sich vor, wie das Wasser alles Negative aus Ihnen heraussaugt, wie Krankheiten, Giftstoffe oder sonstiges Negatives, das Sie in Ihrem Leben erfahren; stellen Sie sich im Anschluss vor, wie Sie all das beim Eintreten oder Austreten aus dem Wasser hinter sich lassen. Denken Sie daran Ihre Atemzüge zu zählen und stellen Sie sich vor, wie Ihre zehn größten Stressfaktoren immer kleiner werden, wenn Sie die Zahl überschritten haben. Wenn Sie bei null angekommen sind (Sie sollten rückwärts zählen) konzentrieren Sie sich wieder auf die Atmung und öffnen Sie anschließend Ihre Augen.

Ihr Solar Plexus-Chakra:

Ihr Solar Plexus-Chakra wird oft mit Feuer assoziiert. Aus diesem Grund sollten Sie bei der Meditation mit diesem Chakra im Mittelpunkt auch Feuer verwenden. Zünden Sie um sich herum Kerzen an und halten Sie sich bei Ihrem Umfeld an die Farbe dieses Chakras, Gelb. Bei dieser Chakra-Meditation müssen Sie zunächst Ihre Augen schließen, an die dem Feuer innewohnende Hitze denken und diese Hitze mit jedem Atemzug in Ihren Körper transportieren. Am besten wäre es, wenn Sie die Kerzen in einem Kreis um sich herum aufstellen.

Konzentrieren Sie sich darauf, wie die Hitze Sie erfüllt und alle Krankheiten und alles Negative wegbrennt. Sobald Sie sich warm fühlen, öffnen Sie Ihre Augen und konzentrieren sich auf die Kerze direkt vor Ihnen. Stellen Sie sich dabei vor, wie Ihre Atmung die Flamme beeinflusst. Visualisieren Sie im Anschluss, wie Ihr Herz das Flackern dieser Flamme darstellt. Wenn Sie glauben, dass Sie die Flamme gereinigt hat, können Sie sich wieder auf Ihre Atmung konzentrieren und die Meditation beenden.

Ihr Herz-Chakra:

Das Herz-Chakra steht in Verbindung mit der Luft, deshalb ist es schwieriger dieses Element durch Ihre Chakra-Meditation zu durchtränken. Allerdings steht dieses Chakra auch im Verbund mit Ihrer Liebe sich selbst gegenüber, und alles und jedem um Sie herum. Gehen Sie also an einen Ort, den Sie sehr gerne haben. Es sollte ein Ort sein, der Sie entspannt und vorzugsweise leichter auf die Farbe Grün konzentrieren lässt. Stellen Sie sich vor, wie Sie bei Ihrer Meditation grünes Licht umgibt. Sie beginnen Ihre Meditation mit ein paar Atemübungen in einer bequemen Position; Ihre Augen sind dabei geschlossen.

Zählen Sie jeden Atemzug und stellen Sie sich vor, wie das grüne Licht um Sie herum immer heller wird. Sobald Sie bei zehn angelangt sind, stellen Sie sich das Licht sehr stark und hell vor und wie es gewissermaßen gegen Sie drückt. Es sollte ganz allmählich größer und stärker werden, stellen Sie sicher, dass das Licht nicht von jetzt auf gleich an der hellsten Stufe angelangt. Atmen Sie weiter und zählen Sie wieder rückwärts. Bei jedem Einatmen inhalieren Sie diese grüne Energie und bei jedem Ausatmen werden Sie sämtliche negativen Gefühle und Zweifel los. Beenden Sie die Meditation, wenn Sie bis null gezählt haben.

Ihr Hals-Chakra:

Das Hals-Chakra ist mit dem Geistlichen bzw. der himmlischen Welt verbunden und hat dementsprechend kein natürliches Element, auf das Sie sich konzentrieren können. Es soll jedoch auch mit Ihrer wahren Stimme im Verbund stehen, die es Ihnen gestattet sich von einer höheren Macht führen zu lassen, während Sie dem folgen, was Sie wahrhaftig glauben. Um Ihr Hals-Chakra in Ihre Meditation miteinzuschließen, können Sie ein langgezogenes „om" am Beginn Ihrer Meditation hinzufügen.

Konzentrieren Sie sich auf Ihre Körperhaltung, werden Sie dabei aber nicht zu steif. Fangen Sie damit an, das „om" durch Ihr Chakra strömen zu lassen und erlauben Sie dem Mantra oder dem Geräusch tief aus Ihrem Inneren zu kommen. Es soll sich also sehr tief anhören. Sie müssen sich auf die Vibration konzentrieren und Eins mit Ihrem inneren Selbst werden, wenn Sie diese Meditationstechnik anwenden. Fahren Sie so lange mit der Meditation fort, bis Sie sich vom Druck der materiellen Welt befreit fühlen. Konzentrieren Sie sich im Anschluss wieder auf Ihre Atmung, lassen Sie

Ihre Stimme langsam abklingen und öffnen Sie Ihre Augen.

Ihr Drittes Auge-Chakra:

Dieses Chakra ist zutiefst mit Ihrer inneren Intuition und Ihrem Gedankensinn verbunden; deshalb sollte Ihr Fokus, wenn Sie eine Mediation für dieses Chakra durchführen, auf der Beobachtung Ihrer Gedanken liegen. Das wird Ihnen dabei helfen sich Problemen oder Stress in Ihrem Leben zu stellen, indem Sie sie passiv beobachten und sie loslassen, bevor sie Ihre innere Führung bzw. die Führung einer höheren Macht trüben.

Fangen Sie diese Meditationsart genauso an, wie die ganzheitliche Chakra-Meditation, indem Sie sich auf Ihre Atmung konzentrieren, während Sie sich auf die Empfindungen fokussieren, die die Atmung in Ihrem Körper auslöst. Danach müssen Sie all Ihre Konzentration in Ihrem Körper fokussieren. Erlauben Sie der materiellen Welt zu verblassen. Das geht viel leichter, wenn Sie bequeme Kleidung tragen, in einer bequemen Position sitzen und sich in einer entspannenden Umgebung befinden. Sobald Sie nach innen hin konzentriert sind, sollte es Ihnen möglich sein Ihre Gedanken zu beobachten.

Interagieren Sie nicht mit den Gedanken, die Sie in Ihrem Geist finden werden. Beobachten Sie sie nur und lassen Sie sie vorbeiziehen. Ganz gleich ob Gefühle durch alte Erinnerungen oder Gedanken ausgelöst werden, lassen Sie diese Emotionen ebenfalls vorbeiziehen. Ihr Gedankengang wird schließlich langsamer werden. Sie können dann ein wenig in Ihrem für sich gewonnenen Kopf bleiben, bevor Sie die Meditation beenden.

Ihr Kronen-Chakra:

Eine Meditation speziell für das Kronen-Chakra kann durchaus schwierig sein, ist aber nichtsdestotrotz sicherlich möglich. Mit dieser Meditation muss sich vorher bereits alles andere im Gleichgewicht befinden bzw. freigemacht sein. Andererseits wird eine Meditation für dieses Chakra scheitern, was heißt, dass Sie die Vorteile davon leider nicht in Anspruch nehmen können.

Fangen Sie bei dieser Meditation ganz normal mit ein paar Atemübungen an und evaluieren Sie Ihren ganzen Körper. Denken Sie an all die Energie, die bereits in Sie hineinfließt: Ihre Emotionen, Ihre Erkrankungen, Ihre Gesundheit, Ihre Beziehungen und sogar Ihre unmittelbare Umgebung. Stellen Sie sich vor, dass die ganze negative Energie in Ihren Lungen gefiltert wird und Sie sowohl das Gute als auch das Schlecht in sich aufnehmen.

Visualisieren Sie, wie das Schlechte bei jedem Atemzug herausgefiltert wird und Ihre Lungen nur die positive Energie absorbieren – ganz so, als würden Sie Sauerstoff zur Versorgung Ihres Körpers aufnehmen. Sobald Sie sich leichter fühlen, können Sie die Meditation nach einiger Zeit unterbrechen und sich wieder auf Ihre Atmung konzentrieren. Lassen Sie die Energie um Sie herum aus Ihrer inneren Visualisierung wieder verblassen. Dann können Sie schließlich die Augen wieder öffnen.

KAPITEL 9

Bonustipps für das beste Gleichgewicht & die beste Meditation

Es gibt wirklich viele Vorteile, die Sie durch Meditation und durch einen Ausgleich Ihrer Chakren erhalten. Sie müssen nur dahinterkommen, wie das am besten für Sie persönlich vonstattengehen kann – und genau da kommen die nachfolgende Tipps ins Spiel. Sie werden sehen, dass es eine Menge Methoden gibt, die Ihre Chakren offen und gesund halten und Ihnen die Meditation demzufolge sehr erleichtern werden.

Essen Sie die richtigen Lebensmittel:

Lebensmittel korrelieren mit Ihren Chakren, und für jedes Chakra gibt es entsprechend ein paar bestimmte

Lebensmittel. Wenn Sie für ein bestimmtes Chakra meditieren möchten bzw. ein bestimmtes Chakra ins Gleichgewicht bringen wollen, dann sollten Sie vorher ein mit dem Chakra in Verbindung stehendes Lebensmittel zu sich nehmen. Dieses Lebensmittel wird während der Meditation und des Ausgleichs in Ihrem Körper gleich mitarbeiten und eine positive Wirkung entfalten.

Das Wurzel-Chakra:

Das Wurzel-Chakra steht in Verbindung mit der Farbe Rot, also sollten Sie auf rote Lebensmittel zurückgreifen, wenn Sie dieses Chakra ausgleichen möchten bzw. eine Meditation für dieses Chakra gewählt haben. Rote Beete, Gewürze, roter Pfeffer, Tomaten und Erdbeeren sind normalerweise am besten geeignet. Insbesondere Erdbeeren sind sehr gut geeignet, direkt vor der Meditation verzehrt zu werden; wenn Sie das Chakra jedoch gut ausgleichen möchten, sollten Sie mehr dieser roten Lebensmittel pro Tag auf den Teller bekommen.

Das Sakral-Chakra:

Da dieses Chakra von der Farbe Orange repräsentiert wird, helfen tatsächlich Orangen dabei, es wieder ins Gleichgewicht zu bekommen. Das hat den zusätzlichen Vorteil, dass gleichzeitig Ihr Immunsystem und Ihre Sexualität gestärkt werden. Auch Karotten sind sehr gut für dieses Chakra geeignet.

Das Solar Plexus-Chakra:

Bei diesem Chakra sollten Sie viele gelbe Lebensmittel essen. Gelbe Paprika, Bananen und Mais sind also gut für das Solar Plexus-Chakra geeignet. Zitronen sind auch sehr hilfreich, selbst wenn Sie nur Zitronensaft zur Verfügung haben – allerdings sind frische Zitronen natürlich immer besser.

Das Herz-Chakra:

Die Farbe Ihres Herz-Chakras ist Grün – also benötigen Sie hier grüne Lebensmittel. Blattgemüse, wie Spinat, Kohl, Weißkohl und Salat sind gut geeignet, genauso wie grüne Äpfel. Greifen Sie ebenfalls auf grüne Smoothies oder grünen Tee zurück.

Das Hals-Chakra:

Beim Hals-Chakra hilft es tatsächlich mehr Wasser zu trinken, denn dessen Farbe ist Blau. Aber auch Kräutertees, wie Passionsblumentee, sowie Obstsaft ganz allgemein helfen dabei dieses Chakra frei zu halten.

Das Dritte Auge-Chakra:

Wenn Sie versuchen für Ihr Drittes Auge-Chakra zu meditieren bzw. es ins Gleichgewicht zu setzen, dann müssen Sie Nahrung für Ihr Gehirn zu sich nehmen. Das schließt Nüsse und Fisch mit ein, kann aber alles Mögliche sein, das einen hohen Gehalt an Omega-3-Fettsäuren aufweist.

Das Kronen-Chakra:

Die Farbe, die mit dem Kronen-Chakra in Verbindung steht, ist Violett. Dementsprechend wäre es ratsam Weintrauben und Blaubeeren zu essen. Auch Auberginen und violette Paprika sind sehr gut geeignet.

Ätherische Öle für das Gleichgewicht und für die Meditation

Wenn Sie für ein bestimmtes Chakra meditieren bzw. es ausgleichen wollen, dann hat ein jedes auch sein eigenes ätherisches Öl. Das können Sie dann für aromatherapeutische Zwecke verwenden, was Ihnen während der Meditation bzw. des Ausgleichs gestatten wird einen Teil dessen einzuatmen, was mit dem jeweiligen Chakra in Verbindung steht.

Das Wurzel-Chakra:

Probieren Sie Nelken-, Myrrhe- oder Zedernöl aus. Das sind sehr stabile Düfte, die aus der Erde stammen.

Das Sakral-Chakra:

Am besten greifen Sie auf ätherisches Orangenblütenöl, Canangabaumöl oder Sandelholzöl zurück. Diese Öle können Sie auch in ein Bad geben.

Das Solar Plexus-Chakra:

Für dieses Chakra wird sehr häufig Zitronenöl verwendet, allerdings können Sie auch auf ätherisches Kamilleöl zurückgreifen. Auch diese Öle können Sie in ein Bad geben – allerdings wäre es besser, wenn Sie die Öle verbrennen würden, da das Solar Plexus-Chakra bekanntermaßen mit Feuer in Verbindung steht.

Das Herz-Chakra:

Hierfür können Sie Bergamottenöl verwenden, allerdings wird häufiger auf ätherisches Rosenöl zurückgegriffen. Dadurch können Sie aufgrund der emotionalen Konnotation der Rose eine direkte Verbindung sehen und spüren.

Das Hals-Chakra:

Für das Hals-Chakra wäre ätherisches Lavendelöl am einfachsten zu beschaffen. Auch ist es nicht ganz so teuer wie manch anderes ätherisches Öl. Allerdings können Sie auch Salbeiöl oder Neroliöl verwenden.

Das Dritte Auge-Chakra:

Probieren Sie ätherisches Vetiveröl, Basilikumöl oder Jasminöl. Auch Rosmarinöl kann bei diesem Chakra helfen. Falls Sie lieber ein geläufigeres ätherisches Öl verwenden möchten, dann greifen Sie doch auf Patschuliöl zurück.

Das Kronen-Chakra:

Die ätherischen Öle für das Kronen-Chakra sind ein wenig schwieriger zu beschaffen: Sie benötigen ätherisches Weihrauchöl bzw. Olibanumöl.

Versuchen Sie die Zeichen zu erkennen

Versuchen Sie stets so schnell es geht die Zeichen zu erkennen, die andeuten, dass ein bestimmtes Chakra nicht im Gleichgewicht bzw. blockiert ist. Dann werden Sie wissen, auf welches Chakra Sie sich konzentrieren müssen, wenn Sie meditieren bzw. einen Ausgleich vornehmen. Sie werden viele Gesundheitsvorteile in Anspruch nehmen können, wenn Sie regelmäßig meditieren oder Ihre Chakren ins Gleichgewicht bringen. Versuchen Sie Ihren emotionalen Zustand mit Ihrem Wurzel-Chakra zu verbinden, und Sie werden sich stabiler fühlen – allerdings ist es auch sehr wichtig, Ihr Herz-Chakra nicht zu vernachlässigen und stets freizuhalten.

Prinzipiell ist aber kein Chakra wichtiger als das andere – es kommt immer auf Ihre jeweilige Situation an, welchem Chakra Sie gerade Priorität einräumen und wie es Ihnen dabei helfen kann, diese Situation zu bewältigen bzw. alles, was um Sie herum vorgeht zu verarbeiten. Indem Ihre Chakren im Gleichgewicht sind und Sie regelmäßig Chakra-Meditation betreiben, können Sie Ihre körperlichen, mentalen und emotionalen

Zustände besser kontrollieren, während Sie Ihre Gesundheit in allen drei Bereichen verbessern und sich dabei gleichzeitig mit Ihrer spirituellen Seite verbinden.

Abschlussworte

Nochmals vielen Dank dafür, dass Sie sich dieses Buch heruntergeladen haben. Ich hoffe, Sie konnten die Wichtigkeit von Chakra Mediation und Chakra Ausgleich in unserem Leben erkennen und wie sie uns dabei helfen können gesund und ausgeglichen zu leben.

Ich hoffe Ihnen hat mein kleines Buch gefallen. Ich würde mich sehr darüber freuen, wenn Sie mir ein kleines Feedback bei Amazon dalassen könnten!

Meditation lernen

Einleitung

Es gibt diese entspannten Menschen, die nichts aus der Ruhe bringen kann. Alles geht schief, ein wichtiges Projekt steht auf der Kippe und diese Menschen wirken so entspannt, als lägen sie zu Hause in der Badewanne und würden den warmen Schaum und einen Tee genießen. In einem hitzigen Wortgefecht wirken sie wie ruhende Buddhas. Streiten? Mit ihnen kaum möglich. Zwei können nicht streiten, wenn einer nicht will, besagt ein isländisches Sprichwort. Diese in sich ruhenden Menschen können sich ganz bewusst dazu entschließen, in einen Streit einzusteigen oder eben nicht.

Wie machen die das? Zum einen kommen wir Menschen mit ganz unterschiedlichen Charakteren zur Welt. Der eine ist von Natur aus ruhiger und sanfter, während der andere schon als Baby gerne mal lauter seinen Unmut herausbrüllte und auch heute noch durch sein hitziges Temperament auffällt. Beide haben aber die natürliche Veranlagung in sich, entspannt, ruhig und gelassen zu sein.

Wem das nicht in die Wiege gelegt wurde, der kann durch Meditation seine innere Ruhe (wieder)finden. Durch regelmäßiges Meditieren gelangen Sie in einen inneren Raum, der immer ruhig ist und in dem Sie Ihre eigene Kraft fühlen können. Sie entwickeln Gelassenheit und eine wesentlich größere Resistenz gegen Stress und Aufregungen jeder Art.

Kapitel 1

Was ist Meditation?

Lassen wir dazu einmal Osho zu Wort kommen:

> *"Meditation ist ein Abenteuer – das größte, in das der menschliche Geist sich stürzen kann. Meditation heißt: einfach da sein, ohne irgendetwas zu tun – keine Handlung, kein Gedanke, keine Gefühlsregung. Du bist. Und das ist reines Entzücken. Woher kommt das Entzücken, da du doch gar nichts tust? Von nirgendwoher und von überall. Es kommt unverursacht, denn die Existenz ist aus dem Stoff, der Freude heißt. Osho in "Das orangene Buch"*

Dies ist eine wunderbare Definition der Meditation. Es geht bei der Meditation darum, den Geist zu konzentrieren und die Gedanken vorbei ziehen zu lassen.

Ihnen keine Aufmerksamkeit zu geben, sie auch nicht verdrängen zu wollen, sondern sie loszulassen. Es geht darum, im Hier und Jetzt zu sein. Die Meditation ist die Übung der Stille und des präsent seins. Es geht um Selbstliebe.

Es gibt viele Formen der Meditation: Meditationen in Stille, in Bewegung, traditionelle und moderne Meditationsarten. Ursprünglich entstammt die Meditation religiösen Traditionen. Heutzutage ist Meditation für den modernen Menschen eine Möglichkeit, abzuschalten und Energie zu tanken. Es ist keine bestimmte Glaubensrichtung nötig, um von den Vorteilen der Meditation profitieren zu können. Wie tief Sie einsteigen und sich entdecken möchten, bleibt Ihnen überlassen.

Osho, der indische Philosoph und Rebell, von dem oben die Rede war, war der Meinung, dass zunächst durch Bewegung nicht genutzte Energie zum Ausdruck gebracht werden musste. Er entwickelte verschiedene Aktive Meditationen, die in Bewegung stattfinden. Auch Yoga und Tai Qi zählen zu den aktiven Meditationen. In diesem Buch finden Sie sowohl Aktive als auch Stille Meditationen. Bei den Stillen Meditationen ist der Blick nach innen gerichtet, bei den Aktiven Meditationen wird der Blick auf etwas im Äußeren gerichtet, z. B. auf bestimmte Bilder oder die Bewegung Ihrer Beine und Füße beim Gehen.

Es gibt angeleitete Meditationen, Meditationen bei denen ein Mantra gesprochen wird, Mudra Meditationen u. v. m. Tatsächlich kann jede Tätigkeit, die mit

Liebe und voller Aufmerksamkeit ausgeführt ist, eine Meditation sein. Es geht also nicht um die Technik und darum, "richtig" zu meditieren, sondern darum, im Hier und Jetzt zu sein. Und das kann zu Beginn Herausforderung genug sein.

Mediation lässt sich durch Worte nur bedingt beschreiben. Das ist wie bei Geschmäckern oder Gerüchen. Versuchen Sie, den Geschmack einer Himbeere zu beschreiben. Es wird Ihnen nie gelingen. Natürlich können Sie es probieren und eventuell wird eine Idee dessen, was Sie meinen, beim Empfänger ankommen. Schmecken kann dieser die Himbeere nur selbst. Damit Sie nun einen Geschmack von Meditation bekommen, fangen wir direkt mit einer an. Nehmen Sie sich hierfür circa 10 Minuten Zeit:

Meditation 1

- Suchen Sie sich einen ruhigen Raum und einen gemütlichen Stuhl oder einen Platz am Boden. Grundsätzlich kann auch liegend meditiert werden, für den Beginn empfehle ich jedoch, eine sitzende Position einzunehmen.

- Setzen Sie sich mit aufrechter und entspannter Wirbelsäule hin, falls Sie auf einem Stuhl sitzen, stellen Sie bitte die Füße auf den Boden. Falls Sie auf dem Boden sitzen, können Sie im Schneider- oder Lotussitz sitzen. Die Hände legen Sie entspannt auf die Beine oder die Knie.

- Schauen Sie nach vorne oder schließen Sie sanft die Augen.

- Lenken Sie die Aufmerksamkeit von außen nach innen. Fühlen Sie in ihren Körper hinein. Folgen Sie mit Ihrer Aufmerksamkeit Ihrem Atem. Beobachten Sie, wie er hineinströmt und wieder hinaus fließt. Verändern Sie nichts, beobachten Sie nur. Kommen Sie zur Ruhe.

- Beobachten Sie Ihre Gedanken und lassen Sie sie vorüberziehen. Der Verstand denkt ständig. Das ist seine Aufgabe und absolut okay. Aber Sie brauchen nicht auf alle diese Gedanken einzugehen. Lassen Sie sie vorüberziehen wie Wolken am Himmel.

- Horchen Sie jetzt in sich hinein. Wo in Ihrem Körper fließt es und wo fühlt es sich blockiert oder irgendwie anders an? Wie fühlen Sie sich? Können Sie dieses Gefühl in Ihrem Körper spüren? Bemerken Sie eine Verspannung, ein Festhalten? Verändern Sie nichts. Schenken Sie diesem Bereich liebevoll Aufmerksamkeit, indem Sie Ihren Atem dorthin lenken.

- Bleiben Sie so lange in der Meditation, wie es sich gut anfühlt und öffnen Sie dann langsam die Augen. Kommen Sie mit Ihrer Aufmerksamkeit zurück in den Raum.

Großartig! Das war Ihre erste Meditation. Mehr gibt es nicht zu tun.

Kapitel 2

Wofür ist Meditation gut? Wem hilft Sie? Und wem nicht?

Meditation ist quasi der Allroundhelfer für Gelassenheit, Wohlbefinden und körperliche Gesundheit. Wenn Sie beginnen, regelmäßig zu meditieren, werden Sie bald auch feststellen, wie vielfältig die positiven Auswirkungen der Meditation sind.

- Sie werden achtsamer und leben häufiger im Hier und Jetzt. Gedanken an gestern, letzte Woche und die Probleme von Übermorgen werden Ihnen durchaus durch den Kopf geistern. Sie werden aber mehr und mehr in der Lage sein, diese Gedanken auf ihren Platz in der Vergangenheit oder der Zukunft zu verweisen. Dadurch entsteht Freiraum im Denken und Fühlen. Durch weniger negative, sorgenvolle

Gedanken erleben sie auch weniger belastende Gefühle, was wiederum Raum schafft für Freude und Leichtigkeit und eine positive Stimmung.

- Sie werden gelassener. Dadurch, dass Sie mehr Bewusstsein entwickeln, werden Sie seltener im Autopilot reagieren und stattdessen atmen, fühlen und dann erst agieren. Diese Aktion wird aus dem Herzen kommen, da wir uns durch das Atmen und Fühlen mit dem Herzen verbinden. Situationen, in denen Sie sich früher geärgert hätten, werden zu Gelegenheiten, interessiert zu fühlen, was in Ihnen vorgeht und dann aus der Ruhe Ihres Innern reagieren und handeln zu können.

- Sie werden mehr Energie haben. Durch das Regelmäßige in sich kehren und zur Ruhe kommen, werden Geist und Körper geklärt und aufgeräumt. Es gibt weniger zu tun für den Organismus. Das ständige Denken benötigt sehr viel Energie und zehrt an den Kräften. Auch innere Konflikte, Sorgen und negative Gedanken rauben Energie. Diese Energie steht Ihnen nun zur freien Verfügung.

- Sie werden sich besser konzentrieren können. Das ergibt sich ganz logisch aus den o. g. Wirkungen und dem Wesen der Meditation. Genau das üben Sie dort: Konzentration Ihres Geistes.

- Auch auf körperlicher Ebene ist die Meditation sehr wohltuend. Wissenschaftliche Studien bestätigen, dass Meditation positive Effekte z. B. bei hohem Blutdruck, hohem Cholesterinspiegel, einem zu hohen Blutzuckerspiegel und sogar bei Schmerzen haben kann. Durch das Konzentrieren auf Spannungen in bestimmten Körperteilen während der Meditation können diese gelindert oder sogar ganz aufgelöst werden.

Meditation kann also für viele Menschen zahlreiche positive Effekte bringen. Kinder können bereits üben und Greise ebenso. Sollten Sie unter einer psychotischen Störung, starken Ängsten, Depressionen oder Epilepsie leiden, ist Meditation für Sie eventuell nicht geeignet. In diesem Fall sollten Sie sich mit dem Arzt / der Ärztin Ihres Vertrauens besprechen.

KAPITEL 3

Meditieren - wie und wo fange ich an?

Einen Einstieg haben Sie ja mit der ersten Meditation aus diesem Buch bereits gemacht. Viele Anfänger der Meditation denken, Sie müssten besondere Voraussetzungen schaffen, um meditieren zu können. Sich jeden Morgen um 5.30 Uhr für 30 Minuten im Gewand gen Osten gewandt, Mantra singend zum Spirituellen wandeln. Das können Sie gerne tun, wenn Sie es mögen und es sich für Sie stimmig anfühlt. Es ist aber nicht nötig, um die Meditation und ihre vielen Vorteile genießen zu können.

Wenn es in Ihren Tagesablauf passt, macht es Sinn eine regelmäßige Zeit, am besten morgens, für die Meditation einzuplanen. Zum einen gewöhnen Sie sich so daran, ein festes Ritual zu haben und es wird Ihnen immer leichter fallen, sich täglich die Zeit für Ihre Meditation zu nehmen. Ein weiterer Vorteil ist, dass Sie die innere Ruhe und Gelassenheit mit in den Tag nehmen und Sie gut mit sich selbst verbunden sein werden. Sie können z. B. einmal täglich zwanzig Minuten üben oder morgens 10 Minuten und abends 10 Minuten. Schauen Sie, wie es Ihnen gefällt.

Falls Sie einen unregelmäßigen Alltag haben oder morgens nicht können, machen Sie es zur Priorität, dass Sie sich täglich Zeit für Ihre Meditation nehmen. Am besten in ruhigen Phasen des Tages, aber wenn es nicht anders geht, werden Sie auch von einer Meditation zwischen zwei Business-Terminen profitieren. Die Hauptsache ist, dass Sie täglich üben. Wann und wo Sie das tun, steht Ihnen frei.

Hier gebe ich Ihnen die nächste Übung an die Hand:

Meditation 2 - Atemzähl-Meditation

Die sogenannte Atemzähl-Meditation ist gut geeignet, wenn es Ihnen noch schwerfällt, mit Ihrer Aufmerksamkeit im Körper und bei der Atmung zu bleiben. Sie kann, abends angewandt, sehr effektiv beim Einschlafen helfen. Nehmen Sie sich zehn bis fünfzehn Minuten Zeit dafür. Wenn Sie möchten, stellen Sie einen Wecker.

- Suchen Sie sich wieder einen geeigneten Platz, entweder liegend oder sitzend auf dem Boden oder auf einem Stuhl.

- Setzen oder legen Sie sich aufrecht hin, achten Sie dabei vor allem auf eine aufrechte Wirbelsäule. Die Hände liegen entspannt auf den Beinen, wenn Sie sitzen, oder liegen seitlich mit nach oben geöffneten Handflächen neben Ihrem Körper falls Sie in liegender Position üben.

- Kommen Sie mit geöffneten Augen zur Ruhe, warten Sie bis Ihr Atem gleichmäßig wird und sie entspannter werden.

- Schließen Sie Ihre Augen und beobachten Sie Ihren Atem. Atmen Sie ein und zählen Sie beim Ausatmen auf 1. Atmen Sie ein und zählen Sie beim Ausatmen auf 2. So machen Sie ganz ruhig und in Ihrem Tempo weiter, bis Sie bei 10 angekommen sind.

- Dann beginnen Sie wieder bei 1 und zählen mit jeder Ein- und Ausatmung eine Zahl weiter bis zur 10 hoch.

- Wenn der Wecker klingelt oder Sie fertig sind, öffnen Sie langsam die Augen und gönnen sich noch ein bisschen Zeit, in sich hinein zu spüren und die Nachwirkungen der Meditation zu fühlen.

Herzlichen Glückwunsch! Sie haben Ihre zweite Meditation gemacht!

Kapitel 4

Erst so begeistert, dann so gelangweilt? So bleiben Sie diesmal dran!

Vielleicht kennen Sie das? Sie lesen etwas und sind Feuer und Flamme. Diese eine Entspannungstechnik, Diät, Sportart etc. wollen Sie unbedingt ausprobieren, lernen, sich zu eigen machen? Sie kaufen sich Bücher und CDs zum Thema und lesen, informieren sich und erfreuen sich an dem euphorischen Gefühl, endlich die Lösung für Ihr Problem gefunden zu haben.

Dann probieren Sie es aus. Sie üben die Entspannungstechnik ein- oder zweimal zu Hause oder besuchen sogar einen Kurs dafür. Sie stellen fest, dass es zwar irgendwie guttut, aber keine Wunder in Ihrem Leben geschehen sind. Sie sind immer noch angespannt und regen sich auf. Und eigentlich haben Sie auch keine Zeit, täglich zu üben oder zu trainieren.

Sie brauchen eine Wundertechnik. Etwas, dass man nur einmal machen muss! Ich weiß, Sie wissen es schon. Ich sage es Ihnen trotzdem: So etwas gibt es nicht! Sich gut fühlen, entspannt fühlen, sich Gutes tun kann nur durch langfristige Veränderung und Üben passieren. Alles, was wir gut können, haben wir geübt. Laufen, Rad fahren, sogar uns runter zu machen und schuldig zu fühlen.

Wissenschaftliche Studien haben gezeigt, dass nach einem achtwöchigen MBSR-Kurs (Mindfulness based stress reduction), der auf achtsamkeitsbasierten Meditationen basiert, sich das Gehirn derart verändert, dass die graue Substanz an der Amygdala, die für die Verarbeitung von Stress und Angst wichtig ist, abnimmt. Dafür verdichtet sich der Bereich, der für Selbstwahrnehmung und Mitgefühl zuständig ist. Die Teilnehmer des Kurses berichteten, dass sie besser mit Stress umgehen können.

MBSR-Kurse gibt es mittlerweile in vielen Städten und sie werden in den meisten Fällen von der Krankenkasse bezuschusst. Vielleicht ist dies auch eine Möglichkeit für Sie, Meditation angeleitet über einen längeren Zeitraum zu erfahren?

Diese positiven Effekte der Meditation bleiben nur, wenn regelmäßig meditiert wird. Das ist ähnlich wie beim Muskel- oder Gedächtnistraining. Nur wer regelmäßig trainiert, profitiert von den Auswirkungen. Wenn Sie feststellen, wie wohl und entspannt Sie sich während und nach der Meditation fühlen, kann auch ganz von allein der Antrieb kommen, regelmäßig zu meditieren. Ihnen wird dann etwas fehlen, wenn Sie es nicht tun. Um dahin zu gelangen, sollten Sie sich Zeit geben.

Diese Tipps werden Ihnen helfen:

Power-Tipp 1

Entscheiden Sie sich jetzt dafür, dran zu bleiben. Geben Sie ein Versprechen an sich selbst. Am besten schriftlich! Das könnte in etwa so klingen: "Ich verspreche mir selbst, die nächsten drei (oder acht) Wochen täglich zehn (oder zwanzig) Minuten zu meditieren." Tun Sie dies allein, um sich Gutes zu tun. Nicht um etwas zu erreichen oder jemanden zu beeindrucken. Seien Sie offen und gespannt und gehen Sie neugierig an die Übung heran. Am besten schreiben Sie Ihr Versprechen auf, z. B. in Ihrem Kalender oder Tagebuch.

Power-Tipp 2

Nehmen Sie sich lieber weniger vor. In der ersten Begeisterung neigen viele Menschen dazu, zu viel auf einmal zu wollen. Manch einer sucht sich eine

Meditationsgruppe, belegt einen Yoga-Kurs und besorgt sich verschiedene Bücher zum Thema, die er durcharbeiten will. Wer sich zu viel zumutet, wird sich schneller überfordert fühlen und ganz aufgeben. Gehen Sie es sanft an. Es geht um innere Ruhe und ein erweitertes Bewusstsein. Dies werden Sie nicht mit dem Brecheisen und einem Actionplan erreichen.

Power-Tipp 3

Setzen Sie sich nicht unter Leistungsdruck. Wenn Sie die zehn Minuten einmal nicht schaffen, üben Sie drei Minuten oder eine Minute. Falls Sie es einmal nicht schaffen, sich auf Ihren Atem zu konzentrieren, sondern im Kopf immer wieder das kommende Familienfest durchorganisieren: So what. Das ist nicht der Sinn der Übung, kann aber vorkommen. Sie bleiben dran. Sie tun etwas für sich. Und darauf allein kommt es an!

Power-Tipp 4

Lassen Sie Ausreden nicht gelten. Wenn Sie damit anfangen, sind Sie verloren. "Heute kann ich wirklich nicht, ich bin so müde." oder "Der Tag war so voll mit Terminen, jetzt möchte ich nur noch ausruhen." oder auch "Mir geht's so gut heute, ich habe das gar nicht nötig."

Der innere Schweinehund ist sehr einfallsreich beim Erfinden von Entschuldigungen und redet manchmal innerlich länger über die Gründe, etwas nicht zu tun als das eigentliche Tun gedauert hätte. Machen Sie es einfach. Fahren Sie dieser inneren Stimme, die Sie im immer gleichen Zustand halten möchte, einfach über den Mund. "Ich habe dich gehört, aber mein Entschluss steht, lieber Schweinehund. Ich werde meditieren." Es wird sich gut und klar anfühlen und die faule Stimme in Ihnen wird immer leiser und schwächer werden.

Power-Tipp 5

Sehen Sie die Meditation als Bereicherung für Ihr Leben, nicht als weiteren To-do-Punkt auf Ihrer Liste. Immer dann, wenn Sie besonders wenig Ruhe und Zeit für eine Meditation zu haben glauben, haben Sie sie am Nötigsten. Was kann wichtiger sein als Ihre innere Ruhe, Stärke, Selbstliebe und Fokussierung?

Kommen wir wieder zur Praxis und zur nächsten Meditation:

Die folgende Selbstheilungsmeditation kann Ihnen helfen, wenn Sie sich körperlich nicht wohlfühlen, z. B. erkältet sind oder Schmerzen in den Schultern haben. Natürlich ersetzt eine Meditation nicht einen nötigen Besuch beim Arzt, aber unterstützend eingesetzt, kann sie Ihren Körper und Geist bei der Heilung unterstützen. Sie können Sie natürlich auch ausprobieren, wenn Sie sich vollkommen fit fühlen.

Meditation 3 - Selbstheilungs-Meditation

- Suchen Sie sich wie immer einen Raum, in dem Sie für 10 - 15 Minuten ungestört sind.

- Legen Sie sich auf den Rücken, die Beine ausgestreckt, die Füße fallen leicht nach außen, die Hände liegen seitlich neben dem Körper, die Handinnenflächen zeigen nach oben.

- Entspannen Sie sich und schließen Sie langsam die Augen. Lassen Sie Ihren Atem ruhig und gleich mäßig ein- und ausströmen.

- Stellen Sie sich nun vor, wie Ihr Atem in den ganzen Körper hineinströmt, ihn sanft durchflutet und wieder hinausströmt.

- Stellen Sie sich nun zuerst Ihr rechtes Bein und den rechten Fuß vor Ihrem inneren Auge vor. Sagen Sie sich innerlich: "Mein rechtes Bein ist vollkommen gesund und voller Energie." Machen Sie das Gleiche mit dem linken Bein.

- Wandern Sie weiter nach oben und geben Ihrem Becken und Ihrem Bauchraum einzeln Aufmerksamkeit. "Mein Becken und alle Organe darin sind vollkommen gesund und voller Energie."

- Wenn Ihnen die Formulierung nicht gefällt oder Sie z. B. jedes Organ einzeln benennen möchten, tun Sie dies. Die Anleitung ist lediglich ein Wegweiser, kein Plan, an den Sie sich genau halten sollen.

- Wandern Sie weiter, zum Brustbereich, in die Arme, die Hände, den Hals und den Kopf.

- Wenn Sie in einem Körperbereich Beschwerden haben, beziehen Sie diese in die Meditation mit ein. Z. B. "Meine Blase wird immer stärker und stärker. Sie ist voller Energie."

- Bleiben Sie nach Beendigung der Meditation noch ein bisschen liegen, öffnen Sie langsam Ihre Augen und beobachten Sie Ihre Umgebung. Fühlen Sie in sich hinein.

Nun haben Sie schon die dritte Meditation kennengelernt und ausprobiert. Sie können stolz auf sich sein!

Kapitel 5

Was ist Stress genau und wie entsteht er?

Oben im Text war häufiger die Rede von Stress und jeder Mensch hat seine ganz eigene Vorstellung davon. Was für den einen Stress ist, ist für den anderen aufregend und stimulierend. Sobald ein Mensch für sich Stress empfindet, der ihm nicht guttut, macht sein Körper ihm das durch verschiedenste Reaktionen deutlich.

So wird die Muskulatur angespannt, das Denken eingeengt, es fällt schwerer, komplex oder kreativ zu denken. Das Herz schlägt schneller und kräftiger, Zuckerreserven aus der Leber werden mobilisiert und die Verdauung heruntergefahren. Das Immunsystem wittert Gefahr und erhöht die Anzahl der natürlichen Killerzellen. Passiert dies ab und an, ist das für unseren Organismus kein Problem und durchaus zu bewältigen.

Befindet sich aber unser Körper im Dauerstresszustand, so kann dies auf längere Sicht unserer Gesundheit ernsthaft schaden.

Erkrankungen wie das Burn-out-Syndrom, Angststörungen, Depressionen, aber auch Herz-Kreislauf-Erkrankungen nehmen in den letzten Jahren immer weiter zu. Dies ist meines Erachtens ein Symptom unserer gehetzten, fremdbestimmten und stressgeplagten Gesellschaft. Treten Sie heraus aus diesem Teufelskreis und übernehmen Sie die Verantwortung für Ihr Leben und Ihre Gesundheit.

Mit der Meditation haben Sie ein wirksames und kraftvolles Instrument, dass sie immer und überall einsetzen können. Ihr Stresspegel wird dauerhaft gesenkt, wenn Sie sich regelmäßig eine Meditations-Geist-Aufräum-Session gönnen und die Stressspitzen werden seltener. Ihre Rezeptoren für Stress werden weniger sensibel, dafür werden Sie immer geübter darin sein, Entspannung zuzulassen, gelassen zu regieren und im Hier und Jetzt zu leben. Es lohnt sich!

Die bisherigen Meditationen fanden still und ohne Bewegung statt. Die aktiven Meditationen, von denen oben die Rede waren, unterscheiden sich dadurch von den stillen Meditationen, dass sie zum einen in Bewegung gemacht werden oder mit Geräuschen verbunden sind. Eine davon lernen Sie hier kennen.

Meditation 4 - Gehmeditation

Die Gehmeditation hat den Vorteil, dass Sie sie unterwegs machen können, auf Wegen, die Sie ohnehin laufen. Alles kann Meditation sein, so auch das einfache Laufen. Auch wenn der gesunde Menschenverstand es ohnehin weiß, hier noch mal der Hinweis, dass Sie bitte nicht im dichten Straßenverkehr üben, sondern auf ruhigen Wegen.

Und so geht's:

- Gehen Sie ganz normal und entspannen Sie sich in jeden Schritt hinein. Beobachten Sie Ihren Atem.

- Zählen Sie, wie viele Schritte Sie beim Einatmen und beim Ausatmen jeweils gehen. Schauen Sie, ob Sie einen gleichmäßigen Rhythmus beibehalten können.

- Fühlen Sie die Festigkeit und Stärke von Mutter Erde unter Ihren Füßen. Fühlen Sie, wie Sie getragen werden.

- Beobachten Sie Ihre Gedanken und Gefühle beim Gehen. Halten Sie sie nicht fest, lassen Sie sie weiterziehen.

- Entspannen Sie alle Muskeln, die zum Gehen nicht benötigt werden.

- Bauen Sie diese Meditation so oft Sie mögen in Ihren Alltag ein.

Eine weitere Meditation, bei der Sie aktiv sind und dennoch Ihren Geist entspannen, ist die Schreibmeditation. Es gibt verschiedene Formen, schreiben zu meditieren. Zwei davon lernen Sie hier kennen:

Meditation 5 - Schreibmeditation - Freies Schreiben

Diese Schreibmeditation ist angelehnt an das Schreiben sogenannter Morgenseiten. Dies ist eine Schreib- und Kreativitätstechnik der Autorin Julia Cameron. Nehmen Sie sich hierfür 10 - 30 Minuten Zeit.

- Suchen Sie sich einen ruhigen Platz, an dem Sie ungestört sind. - Machen Sie diese Meditation idealerweise morgens. Wenn das nicht geht, wird sie auch zu jeder anderen Tageszeit ihre Wirkung nicht verfehlen.

- Nehmen Sie einen Schreibblock und Stift zur Hand und schreiben Sie schnell und unzensiert 3 DIN-A 4 Seiten voll. Es geht nicht darum, dass Sie sich hetzen, sondern darum, die Zensur des Bewusstseins zu umgehen. Lassen Sie das aus sich herausfließen, was kommt. Egal was. "Das Hühnchen trägt heute weiße Socken. Am Himmel hängt ein Gehstock und sieht misstrauisch zur Sonne hinüber." Alles darf sein.

- Es soll kein Tagebucheintrag werden, in dem Sie beschreiben, wie der Ausflug in den Freizeitpark gestern war oder dass Sie sich auf das Rendezvous mit Ihrem Freund morgen freuen.

- Wenn Ihnen nichts einfallen sollte, beginnen Sie den Satz mit: "Jetzt gerade ..." und schreiben Sie dann, was Ihnen kommt.

- Es geht nicht darum, einen Text zu schreiben, den andere lesen werden. Oder darum, etwas besonders Spannendes zu schreiben. Wenn Sie möchten, schreiben Sie über den Fleck auf Ihrer Tapete und dass Sie sich schon seit Wochen darüber ärgern, aber keine Lust haben, Farbe zu kaufen, um ihn zu überstreichen.

- Dies ist ihre Zeit. Sie sind frei. Schreiben Sie. Lassen Sie los. Freuen Sie sich, dass Alles sein darf!

- Sie werden feststellen, dass Sie sich durch diese Schreibmeditation immer besser kennenlernen. Sie entdecken verschiedene Rollen und Stimmen in Ihrem Inneren und vielleicht auch Anteile Ihrer Selbst, die Sie nicht wollen, ablehnen und schlecht zulassen können. Trauen Sie sich. Sie haben hier die Chance, vollständiger, mehr Sie selbst zu werden. Zuerst auf dem Papier, dann immer mehr auch im wahren Leben.

Falls Sie bisher kaum Erfahrung mit dem Schreiben haben, ist die folgende Form der Schreibmeditation wahrscheinlich besser für Sie geeignet:

Meditation 6 - Schreibmeditation - Abschreiben von Texten, die Sie als inspirierend oder berührend empfinden

Die Vorbereitung ist die gleiche wie bei der erstgenannten Schreibmeditation. Zusätzlich benötigen Sie ein Buch, einen Text, ein Gedicht o. Ä., der oder das Sie inspiriert, anspricht und berührt.

Diesen Text oder Teile aus besagtem Buch schreiben Sie langsam und bewusst atmend ab. Es muss kein spirituelles Buch sein, eine gewisse Tiefe sollte aber vorhanden sein.

Konzentrieren Sie sich beim Abschreiben auf jedes einzelne Wort, lassen Sie es wirken und verlieren Sie sich nicht in der Geschichte. Sollten Ihre Gedanken abschweifen, beobachten Sie dies und lenken Ihre Aufmerksamkeit wieder in die Gegenwart.

Konnten Sie sich darauf einlassen? Hat es Ihnen vielleicht sogar Spaß gemacht? Ich hoffe, dass Sie unter den verschiedenen Meditationen eine oder mehrere finden, die Ihnen richtig gut gefallen.

KAPITEL 6

Gewohnheiten ändern mit Meditation?

Haben Sie ein, zwei oder zwanzig Gewohnheiten, die Sie gern ändern würden? Zu den Klassikern gehören z. B. Ernährungsgewohnheiten. Statt Chips am Abend lieber eine Runde joggen. Statt die Kinder anzuschimpfen, wenn Sie genervt sind, lieber erst mal in sich hinein fühlen und herausfinden, was Sie gerade so aufbringt. Statt auf Ihren Partner zu schimpfen, dass Ihre Beziehung nicht so aufregend oder harmonisch ist, lieber hinschauen, wo Sie selber dazu beitragen, dass es langweilig, festgefahren oder unharmonisch ist?

Haben Sie Lust dazu? Wie gut, dass Sie sich auf den Weg gemacht haben. Eine regelmäßige Meditationspraxis wird Ihnen helfen, die Gewohnheiten loszulassen, mit denen Sie sich und Anderen nichts Gutes tun und stattdessen Handlungen zu etablieren, mit denen Sie sich wohlfühlen. Und so geht das konkret.

Schritt 1

Beobachten Sie sich über ein paar Wochen in Ihrem Alltag. Welche Gewohnheiten beobachten Sie, die Sie verändern möchten? Welche Situationen, Handlungen, Reaktionen Ihrerseits ärgern Sie immer wieder und rauben Ihnen so oft die Gelassenheit, Freude und Glück?

Schreiben Sie auf, welche Gewohnheiten Ihnen auffallen. Wählen Sie dann zwei aus, die Sie am dringendsten verändern möchten und notieren Sie auch, warum Ihnen diese nicht guttun und mit welcher Gewohnheit oder Reaktion es Ihnen bessergehen würde.

Schritt 2

Verändern Sie nichts an den Gewohnheiten, die Sie sich ausgesucht haben. Beobachten Sie vielmehr, was genau in der Situation passiert. Wann greifen Sie zur Schokolade? Warum glauben Sie, Sie könnten ohne Kaffee nicht leben. Was genau passiert, wenn Sie sich vor anderen kleiner machen als Sie sind. Wie fühlen Sie sich, was denken Sie dabei?

Welche Gedanken denken Sie, wenn Sie Ihre Kinder ausschimpfen oder Ihren Partner kritisieren. Beobachten Sie, nehmen Sie wahr und fühlen Sie in Ihren Körper hinein.

Schritt 3

Schreiben Sie Ihre Beobachtungen auf. Z. B.: "Ich esse Schokolade, wenn ich mich alleine fühle, mich belohnen möchte, mich innerlich leer fühle." "Ich mache mich klein, wenn ich mit Leuten zusammen bin, die sehr selbstbewusst wirken. Ich denke dann, ich sei wertlos und schlechter als diese." Oder: "Ich schimpfe besonders oft mit meinen Kindern, wenn ich mich überfordert oder missverstanden fühle."

Schritt 4

Suchen Sie sich eine Meditation aus, in der Sie sich inzwischen geübt und mit der Sie sich wohlfühlen. Bereiten Sie sich wie gewohnt vor, nehmen Sie sich Zeit und suchen Sie sich einen geeigneten Ort.

Nehmen Sie dann eines der Muster, die Sie in Schritt 4 herausgefunden haben, mit in die Meditation. Stimmen Sie sich kurz auf das Thema ein und meditieren Sie dann. Verfallen Sie nicht in Grübelei. Lassen Sie Gedanken vorüberziehen. Nehmen Sie es einfach nur mit und lassen SIe es sinken.

Schritt 5

Beobachten Sie, was sich verändert. Wenn Sie mögen, schreiben sie es sich in Ihr Meditationstagebuch. Sie werden feststellen, dass es sich bei Veränderungen, die eintreten, nicht um kurzfristige Veränderungen handelt, für die Sie sich anstrengen müssen. Vielmehr geschieht in Ihnen eine Wandlung. Sie handeln anders aus Ihrem innersten Kern heraus. Was früher so schwer erschien, wird nun immer leichter.

Kapitel 7

Meditation, Beziehungen und Selbstliebe

"In der Meditation geht es ganz einfach darum, man selbst zu sein und sich allmählich darüber klar zu werden, wer das ist."

Jon Kabat-Zinn

Meditation ist tatsächlich ein Allheilmittel und kann nicht nur Ihr Herz und Ihre inneren Wunden heilen, sondern auch Ihre Beziehung.

Die Meditation kann Ihnen helfen, Aggressionen, Wut und Anspannung innerhalb der Beziehung zu lindern und kann wieder erwecken, wo aus Langeweile und Routine die Gefühle verebbt sind.

Meditation macht Sie wieder lebendig und lässt Sie mit den Höhen und Tiefen einer Beziehung gelassener umgehen.

Sollte Ihre Beziehung gerade an einem absoluten Tiefpunkt sein, z. B. von Affären vergiftet, in Trennung begriffen, in Wut und Abneigung gegenüber dem Partner gefangen, können Sie in der Meditation den Schmerz annehmen. Sie können üben, präsent zu bleiben, egal, wie weh es tut.

Sie werden merken, dass es verdammt schmerzen kann, Ihre Gefühle zuzulassen, dass dies aber der einzige Weg ist, mit Ihren Gefühlen umzugehen. Alle anderen Wege verlängern das Leiden. Verdrängen, sich die Dinge schönreden, Gefühle unterdrücken führt in eine Sackgasse und diese endet in unlebendigem Leben, verleugnen des Selbst und immer weniger Lebensfreude. Die natürlichen Impulse dürfen dann nicht mehr sein und das tut weh!

Probleme in Beziehungen (und hierzu gehören auch Freundschaften) gehen immer mit mangelnder Selbstliebe einher. Die wenigsten Menschen können von sich behaupten, dass Sie sich wirklich lieben. Es ist leicht, sich selbst gut zu finden, solange das Leben rund läuft, man Erfolg im Beruf hat, gut aussieht und Menschen um sich herum hat, die einem Wertschätzung und Aufmerksamkeit entgegenbringen.

Dies ist aber keine Selbstliebe, sondern ein Gefühl von Okay-sein, dass an äußere Bedingungen geknüpft ist. Als Kinder wurden wir oft gelobt, wenn wir etwas so gemacht haben, wie es von uns erwartet wurde, wir gute Noten nach Hause brachten, ordentlich aussahen und uns Freunde suchten, die unseren Eltern gut in den Kram passten.

Kamen wir mit einer Fünf in Mathe heim, räumten unser Zimmer nicht auf oder hatten einfach keine Lust das zu tun, was unsere Eltern (oder andere erwachsene Bezugspersonen) von uns erwarteten, sah die Welt schnell ganz anders aus. Wir ernteten nicht nur sachliche Kritik, sondern in vielen Fällen auch Ablehnung, Wut und Liebesentzug.

Nur wenige Menschen können von sich behaupten, dass Sie bedingungslos geliebt wurden. Dabei ist es die bedingungslose Liebe, die uns allen so guttäte und die vielen Erwachsenen heute noch fehlt. Das Gefühl innerer Leere und des Nicht-genug-Seins hat seine Wurzeln meist in der Kindheit.

Wenn Sie hier tiefer einsteigen möchten und in den Genuss von alltagstauglichen Meditationen zum Thema Selbstliebe kommen möchten, lege ich Ihnen das Buch "Liebe dich selbst und es ist egal, wen du heiratest - Praxiskurs" von Eva-Maria und Wolfram Zurhorst ans Herz. Hier finden Sie weitere wertvolle Informationen zum Thema Selbstliebe, Beziehungen und einen dreiwöchigen "Selbstliebe-Praxiskurs", der ebenfalls auf einer regelmäßigen Meditationspraxis basiert.

Schlusswort

Sie haben nun viel über die verschiedenen Möglichkeiten und Arten der Meditation gelernt, Ihre ersten Meditationen ausprobiert und vielleicht schon erste Erkenntnisse gewonnen oder gemerkt, dass Sie während der Meditation Gedanken loslassen konnten.

Sie wissen, dass der Verstand die Aufgabe hat, zu denken und dass es Ihre Aufgabe ist, nicht jeden Gedanken wichtig zu nehmen und dass Sie es in der Hand haben, sinnlose Gedankenkarussells zum Stillstand zu bringen. Sie haben festgestellt, dass es Ihnen leichter fällt, Gedanken ziehen zu lassen und bei Ihrem Atem bzw. in Ihrem Körper zu bleiben statt im Kopf stecken zu bleiben.

Negative Gedanken erzeugen negative, blockierende Gefühle. Durch regelmäßige Meditation spüren Sie immer schneller und genauer, in welchem Bereich Ihres Körpers sich ein Gefühl zeigt, wie es sich anfühlt und welcher Gedanke diesem Gefühl zugrunde liegt.

Nutzen Sie diese wunderbare Chance, sich selbst näher zu kommen und blockierte Gefühle zu befreien. Finden Sie heraus, wer Sie sind und befreien Sie sich.

Werden Sie ganz Sie selbst und lieben Sie den Menschen, den Sie dort kennenlernen!

Abschließend möchte ich Ihnen noch ein Live-Streaming aus dem 4. Kongress für Meditation und Wirklichkeit nahelegen. Ich habe damals live teilgenommen und war fasziniert davon. Ich bin mir sicher, Sie können in diesem Stream auch noch vieles mitnehmen. Link: http://bit.ly/2nS2l3N

Rechtliches und Impressum

Die Inhalte dieses Buches wurden anhand von anerkannten Quellen recherchiert und mit hoher Sorgfalt geprüft. Der Autor übernimmt dennoch keinerlei Gewähr für die Aktualität, Richtigkeit und Vollständigkeit der bereitgestellten Informationen. Haftungsansprüche gegen den Autor, welche sich auf Schäden gesundheitlicher, materieller oder ideeller Art beziehen, die durch die Nutzung oder Nichtnutzung der dargebotenen Informationen bzw. durch die Nutzung fehlerhafter und unvollständiger Informationen verursacht wurden, sind grundsätzlich ausgeschlossen, sofern seitens des Autors kein nachweislich vorsätzliches oder grob fahrlässiges Verschulden vorliegt. Dieses Buch ist kein Ersatz für medizinische und professionelle Beratung und Betreuung.

Dieses Buch verweist auf Inhalte Dritter. Der Autor erklärt hiermit ausdrücklich, dass zum Zeitpunkt der Linksetzung keine illegalen Inhalte auf den zu verlinkenden Seiten erkennbar waren. Auf die verlinkten Inhalte hat der Autor keinen Einfluss. Deshalb distanziert der Autor sich hiermit ausdrücklich von allen Inhalten aller verlinkten Seiten, die nach der Linksetzung verändert wurden. Für illegale, fehlerhafte oder unvollständige Inhalte und insbesondere für Schäden, die aus der Nutzung oder Nichtnutzung solcherart dargebotener Informationen entstehen, haftet allein der Anbieter der Seite, auf welche verwiesen wurde, nicht aber der Autor dieses Buches.

1. Auflage

DiGi Generation GbR
Im Ebertswinkel 9
64625 Bensheim

Vertretung: Dr. Özgür Dagdelen, Torben Gebbert

E-Mail: hallo@digigeneration.de

48226264R00139

Printed in Poland
by Amazon Fulfillment
Poland Sp. z o.o., Wrocław